Joachim Kuch
Typenkompass Honda

Typen kompass

Joachim Kuch

Honda

Motorräder seit 1970

Motorbuch Verlag

Einbandgestaltung Katja Draenert unter Verwendung von Motiven aus dem Archiv des Autors.

Bildnachweis: Honda Motor Europe (North), Archiv Inge Leverkus, Archiv Rauch, Jürgen Gaßebner, Joachim Kuch

Eine Haftung des Autors oder des Verlages und seiner Beauftragten für Personen-, Sach- und Vermögensschäden ist ausgeschlossen.

ISBN 3-613-02337-7

Copyright © by Motorbuch Verlag, Postfach 103743, 70032 Stuttgart.
Ein Unternehmen der Paul Pietsch Verlage GmbH + Co.

1. Auflage 2003

Nachdruck, auch einzelner Teile, ist verboten. Das Urheberrecht und sämtliche weiteren Rechte sind dem Verlag vorbehalten. Übersetzung, Speicherung, Vervielfältigung und Verbreitung einschließlich Übernahme auf elektronische Datenträger wie CD-Rom, Bildplatte usw. sowie Einspeicherung in elektronische Medien wie Bildschirmtext, Internet usw. ist ohne vorherige schriftliche Genehmigung des Verlages unzulässig und strafbar.

Innengestaltung: Marit Wolff
Reproduktion: digi bild reinhardt, 73037 Göppingen
Druck: Henkel-Druck, 70435 Stuttgart
Bindung: IDUPA, 73277 Owen
Printed in Germany

Inhalt

Einführung _____ 7

Anmerkungen zu den Modellreihen _____ 8

CB 100 SS (1971–1973) _____12
CB 125 K/SS/Disc (1970–1976) _____13
CB 125 J/S; CG 125 (1975–1979) _____14
CB 125 T (1978–1986) _____15
NSR 125 (1997–2002) _____16
CBR 125 R (seit 2004) _____17
CB 200 (1974–1976) _____18
CB 250/350 K (1968–1973) _____19
CB 250/360 G (1974–1977) _____20
CJ 250/360 T (1976–1979) _____21
CB 250/400 T (1977–1978) _____22
CB 250/400 N (1978–1984) _____23
CB 250 RS (1980–1985) _____24
CB Two Fifty (1996–1999) _____25
CB 350 F (1972–1974) _____26
CB 400 F (1974–1977) _____27
NS 400 R (1984–1986) _____28
CB 450 K (1968–1974) _____29
CB 450 N/S (1984–1989) _____30
CB 500 T (1974–1976) _____31
CB 500 F (1971–1977) _____32
FT 500 (1982–1984) _____33
XBR 500/GB 500 Clubman
  (1985–1990)_____34
CB 500/S (1993–2003) _____35
CBF 500 (seit 2004) _____36
CB 550 F/K (1975–1978) _____37
CBX 550 F/F2 (1982–1985) _____38
CB 600 F/S Hornet (1998–2002)_____39
CB 600 F Hornet (seit 2003) _____40
CBF 600/S (seit 2004) _____41
CB 650 F (1979–1983) _____42
CBX 650 E (1983–1987) _____43
CB 750 (1969–1978) _____44
CB 750 F1/F2 (1975–1978) _____45
CB 750 KZ (1978–1984) _____46
CB 750 F/F2 (1980–1984) _____47
CBX 750 E (1984–1986) _____48

CB 750 Seven Fifty (ab 1993) _____49
CB 900 F/F2 (1978–1984) _____50
CB 1100 F (1982–1984) _____51
Hornet 900 (seit 2002)_____52
CB 1000 Big One (1992–1996) _____53
CB 1100 R (1980–1984)_____54
CBX 1000 (1978–1981) _____55
CBX Pro-Link (1981–1983) _____56
X-Eleven (seit 1999) _____57
CB 1300 (seit 2003)_____58

Die CBR-Reihe

CBR 600 (1987–1994) _____59
CBR 600 (1995–2000) _____60
CBR 600 (seit 2001)_____61
CBR 600 F (2002) _____62
CBR 600 RR (seit 2003)_____63
CBR 900 RR Fire Blade (1992–1995) ____64
CBR 900 RR Fireblade (1996–1999) _____65
CBR 900 RR (2000–2002) _____66
Fireblade (2002–2004)_____67
CBR 1000 F (1987–1991) _____68
CBR 1000 F (1991–1999) _____69
CBR 1000 RR Fireblade (seit 2004) _____70
CBR 1100 XX Super Blackbird
  (seit 1996)_____71

Die Gold Wing-Reihe

GL 1000 (1975–1980) _____72
GL 1100 (1980–1983) _____73
GL 1200 DX (1984–1988) _____74
GL 1500/6 (1988–2001) _____75
GL 1800 (2001–2003) _____76
Gold Wing (seit 2003) _____77

Motorräder mit V-Motor

CX 500 (1977–1983)_____78
CX 500/650 E (1982–1985) _____79
GL 500/650 (1982–1985)_____80

CX 500/650 Turbo (1981–1985) _____81
VT 500 E (1983–1987) _____82
NTV 650 Revere (1988–1998) _____83
NT 650 V Deauville (1998–2001) _____84
NT 650 V Deauville (seit 2002) _____85
VTR 1000 F (seit 1997) _____86
VTR 1000 SP-1 (1999–2001) _____87
VTR 1000 SP-2 (seit 2002) _____88
VFR 400 R (1992–1993) _____89
VF 500 F/FII (1984–1987) _____90
VF 750 S (1982–1984) _____91
VF 750 F (1983–1985) _____92
VFR 750 F (1985–1989) _____93
VFR 750 F (1989–1997) _____94
VFR 750 R (1988–1993) _____95
RVF 750-RC 45 (1994–1997) _____96
NR 750 (1991) _____97
VFR 800 (1997–2001) _____98
VFR (seit 2001) _____99
VF 1000 F (1984–1987) _____100
VF 1000 R (1984–1986) _____101
ST 1100 Pan European (1990–2001) ___102
ST 1300 Pan European (seit 2002) _____103

Chopper und Cruiser

CM 125/250 C (1980–1984) _____104
CA 125/CMX 250 C Rebel
 (1995–2000) _____105
VT 125 C (seit 1999) _____106
CM 185/200/400 T (1978–1980) _____107
CX 500/650 C (1980–1983) _____108
VT 500 C (1984–1986) _____109
VT 600 C Shadow (1988–2000) _____110
CB 650 C/SC (1980–1983) _____111
CB 750 C (1980–1983) _____112
VF 750 C (1993–2000) _____113
VT 750C/C2 (1997–2003) _____114

VT 750 Black Widow (seit 2000) _____115
Shadow 750 (seit 2004) _____116
VT 1100 C (1988–1993) _____117
VT 1100 C2/3 (1995–2000) _____118
VF 1100 C (1984 –1986) _____119
F6C (seit 1996) _____120
VTX 1300 S (seit 2003) _____121
VTX (seit 2001) _____122

Enduro-Modelle

SL 125 (1972–1976) _____123
XL 125 (1976–1979);
 XLR 125 R (1998–2000) _____124
XR 125 L (seit 2003) _____125
CLR 125 CityFly (1998–2000) _____126
Varadero 125 (seit 2001) _____127
XL 185 S/200 R
 (1980–1983; 1983–1984) _____128
MTX 200 R (1983–1988) _____129
XL 250 K/S (1974–1982) _____130
XL 250 R (1982–1988) _____131
NX 250 (1988–1994) _____132
CL 250/450 (1970–1972) _____133
XL 350 R (1985–1988) _____134
XL 500 S (1979–1982) _____135
XL 500 R (1982–1985) _____136
XL 600 R/RM/LM (1983–1988) _____137
XL 600 V Transalp
 (1987–1999) _____138
NX 650 (1988–2000) _____139
SLR 650/Vigor (1997–2000) _____140
XL 650 V Transalp (seit 2000) _____141
XRV 650 Africa Twin (1988–1990) _____142
XLV 750 R (1983–1985) _____143
XRV 750 Africa Twin (1990–2002) _____144
XL 1000 V Varadero (1999–2002) _____145
Varadero XL 1000 V (seit 2003) _____146

Einführung

Soichiro Honda (1906–1991) schuf aus dem Nichts ein Imperium. Der Sohn eines Schmieds war bereits in den 30er Jahren ein erfolgreicher Geschäftsmann und Rennfahrer. Nach dem Krieg erwarb er einen Posten von Stationärmotoren und motorisierte damit Fahrräder. Das funktionierte glänzend, und am 24. September 1948 gründete Honda die Honda Motor Co. Danach ging es Schlag auf Schlag, zwei Jahre später wurde das erste Montagewerk eröffnet; Ende 1951 erschien die Honda Dream E mit 146 Kubik-Viertaktmotor, obenliegender Nockenwelle und 5,5 PS. Dieser erste Viertakter der Marke verhalf Honda zum Durchbruch. Die Produktion der Cub begann im Juni 1952, bald verließen 25.000 Stück monatlich die schon wieder viel zu kleinen Fabrikhallen. Mit Shirako, Aoi und Saitama gingen drei weitere Honda-Werke in Planung beziehungsweise in Betrieb, letzteres mit der zehnfachen Kapazität von Shirako (wo jetzt die Dream E gebaut wurde). Das Werk Tokio wurde zum Schulungszentrum umfunktioniert. Die rasche Expansion zehrte die Kapitalreserven auf, Anfang 1954 stand Honda vor der Pleite. Japans Wirtschaftswunder rettete die Firma, 1956 war das Unternehmen die Nummer 2 auf dem japanischen Markt, vier Jahre später schon Marktführer. In dieser Zeit begann auch der Export nach USA und Europa, ebenso wie auch der Autobau. Maschinen wie die CB 72, die CB 450 von 1965 und, natürlich, die CB 750 von 1968 setzten die Glanzlichter am ansonsten düsteren Motorradhimmel der 60er Jahre, Honda war zu diesem Zeitpunkt bereits der unbestritten größte Motorradhersteller der Welt und machte sich auch als Autoproduzent einen Namen!. 1976 überstiegen die Einnahmen aus dem Autogeschäft bereits die Einnahmen aus der Motorrad-Produktion. Revolutionäre Motorradentwürfe entstanden während dieser Zeit nicht, vielleicht abgesehen von der Gold Wing des Jahres 1974. Das allerdings war ein Tourer, und weltweit waren eher Sportler gefragt. Zu diesem Zeitpunkt versuchte Yamaha, Honda zu verdrängen. Hondas Inlandsanteil sank auf 38 %, Yamaha lag nur ein Prozent dahinter. Im darauf folgenden Wettrüsten – das sich an der Zahl der jährlich neu erschienenen Modelle bemaß – hatte Honda den längeren Atem und formte Bestseller am laufenden Band wie die CX-, CBX oder VF-Typen. Überdies wurde in Marysville, Ohio, eine eigene Fabrik aufgebaut, nachdem 1959 in Kalifornien die American Honda Motor Co. gegründet worden war. Die European Honda (zunächst in Hamburg), dann Honda Deutschland und heute Honda Europe (North) in Offenbach folgte 1961. Im Jahr darauf wurde mit dem Bau eines Montagewerks im belgischen Aalst begonnen, 1964 nahm Honda France seine Arbeit auf; gleichzeitig lief die Montage der Super Cub in Thailand an. Honda U.K. Ltd. in London begann 1965 mit dem Motorrad-Import, es folgten Kanada und Australien (1969), Brasilien (1971), Indonesien (1973), Schweiz und Peru (1974). Inzwischen gibt es über 78 Werksanlagen in über 40 Ländern. Die Region Europa wird von Rom aus gesteuert, wobei Honda in drei Werken in Europa produziert. Das Werk in Atessa in den Abruzzen baut die NX 650 Dominator, die XL 650 V Transalp, die CB 500 sowie Leichtkrafträder und Roller. Belgien baut ausschließlich kleine Motorräder und bei Montesa-Honda laufen Leichtkrafträder, Roller und die NT 650 V Deauville vom Band. Honda ist heute mehr denn je die unbestrittene Nummer eins unter den Motorradproduzenten, kein anderer Hersteller ist weltweit so aktiv und erfolgreich: Bereits 1997 rollte die 100.000.000ste Honda vom Band.
Natürlich ist es unmöglich, auf diesen 148 Seiten einen umfassenden Überblick über die Gesamtheit der Honda-Aktivitäten zu geben. Der

Typenkompass versucht, kurz und kompakt, die Vielfalt der Modelle und Entwicklungen über 125 Kubik so übersichtlich wie möglich darzustellen. Das Buch gliedert sich in drei Hauptkapitel, nämlich *Straßenmotorräder, Chopper- und Cruiser* sowie *Enduros*. Während bei den *Choppern* wie auch den *Enduros* eine Gliederung nach Hubräumen beibehalten werden konnte, erwies sich das bei den Straßenmotorrädern für nicht praktikabel, zu groß war die Vielfalt der Typen und Modelle. Daher wird hier nach Reihen-, V- und Boxer-Motoren unterschieden, ebenso wie auch die CBR-Reihe kompakt zusammengefasst wurde.

Anmerkungen zu den Modellreihen

Die Straßenmotorräder

Ein- und Zweizylinder: CB 100 – CB 500
Die CB 450 von 1965 war die bis dahin hubraumstärkste Honda – und die technisch anspruchsvollste mit dazu. Zwei obenliegende Nockenwellen, Ventiltrieb über Schepphebel und Drehstab-Ventilfedern ließen keinen Zweifel am Charakter der CB 450 als Hochleistungstriebwerk. Die hubraumschwächeren CB 72/77-Modelle und deren Nachfolger waren technisch allerdings weit weniger aufwändig.
1967/68 gab es den großen Umbruch innerhalb der Honda-Modellpalette, quer durch alle Modellreihen – Ausnahme: CB 450 – kam eine neue Motoren-Generation zum Einsatz. Diese Zweiventil-Triebwerke basierten zwar auf den alten Zweizylindern, standen aber aufrecht im Rahmen, nicht mehr geneigt. Während der Kettenschacht bei der 125er linksseitig angeordnet war, verlief er bei den 250/350ern mittig. Wesentlich anders, da nicht mehr verrippt, sahen die Deckel über den Nockenwellen aus. Anfang der 70er Jahre noch einmal überarbeitet, folgte dann gegen Ende des Jahrzehnts eine neue Generation mit zwei- beziehungsweise Dreiventil-Zylinderköpfen. Diese Aggregate finden sich auch heute noch im Programm.

Eine Sonderstellung nimmt dabei die CB 500 von 1993 ein. Bei ihrem dohc-Vierventil-Zweizylinder mit Wasserkühlung handelte es sich um eine Neuentwicklung. Auch in der Halbliter-Klasse bot Honda Straßenmotorräder mit Einzylinder-Motor an: Dabei handelte es sich um ohc-Vierventiler, die von den jeweiligen Enduros übernommen worden waren.

Die Zweitakter: NS, NSR
Honda hat keine Tradition als Zweitakthersteller über 125 Kubik. Seit den 60er Jahren hat Japans Nummer 1 auf den Viertakt-Motor gesetzt, mit zwei bemerkenswerten Ausnahmen: Anfang der 80er Jahre, als der Konkurrenzdruck besonders groß war, kam es in Japan zu einer kurzfristigen Zweitakt-Renaissance. Honda reagierte darauf mit einem 250er-Zweitakter mit V-Motor. Diese Maschine war nicht ausgereift, Honda nahm sie alsbald vom Markt. Die Dreizylinder-NS 400 R dagegen war standfester und gelangte auch in den Europa-Export, als Antwort auf die RD 500 von Yamaha und die RG 500 von Suzuki. Die in Italien gebaute NSR 125 war das letzte Motorrad im Honda-Angebot, das nach dem Zweitakt-Verfahren arbeitet. Inzwischen bietet Honda überhaupt keine Zweitakter mehr an.

Die Vierzylinder-Reihenmotoren: CB 350 – CB 1100

Die Geschichte von Honda ist praktisch diejenige seiner Vierzylinder-Motoren; der ohc-Reihenmotor der CB 750 machte das Unternehmen über Nacht berühmt: Vier Zylinder, obenliegende Nockenwelle und eine Spitze von 200 km/h setzten Maßstäbe. Der Erfolg übertraf kühnste Erwartungen, aus der ursprünglich geplanten Kleinserie – daher entstanden noch die ersten 3000 Motorgehäuse im Sandguss – wurde ein Millionen-Seller. Nach diesem Muster weitete Honda seine Vierzylinder-Baureihen mit den Typen CB 350, 400, 500 und 550 nach unten aus. Die Vorarbeiten an den CB-Motoren der zweiten Generation begannen im Frühjahr 1976, unterstützt durch die Erfahrungen mit jenen Motoren, die Honda mit viel Erfolg bei der Langstrecken-WM an den Start gebracht hatte. CB 750/K/F2 und CB 900/F2 waren parallel entwickelt worden, rollten vom selben Band und wiesen große Ähnlichkeiten auf; Gehäuse und Motorblock waren sogar identisch. Die Reihe der luftgekühlten Sechzehnventiler wurde später noch durch zwei 1,1-Liter-Maschinen komplettiert.

Die Reihen-Vierzylinder der dritten Generation fanden sich in den Motorrädern mit dem Kürzel CBX. CBX stand für zwei obenliegende Nockenwellen, jeweils vier Ventile samt zentralplatzierter Zündkerze und spezieller Brennraumform. Der Antrieb der Nockenwellen erfolgte per Zahnriemen. Bei den CBX 400/550 übernahmen gegabelte Schlepphebel die Ventilbetätigung, bei den CBX 650/750 war das Sache der Hydrostößel: Die CBX-Motoren galten als nahezu wartungsfrei. Übrigens müsste die CB Seven Fifty eigentlich CBX heißen, denn auch bei ihr ist dieser wartungsfreie Ventilspielausgleich an Bord.

Die Sechszylinder: CBX

Die Entscheidung, einen dohc-Sechszylinder zu bauen, hatte vor allem marketingpolitische Hintergründe: Honda hatte in den frühen 70ern seine besten Köpfe in die Automobilentwicklung gesteckt; sensationelle Zweirad-Neuigkeiten waren Mangelware. Die Konkurrenz – allen voran Yamaha, aber auch Suzuki – nutzten diese Schwäche aus und präsentierten Bigbikes, die den bisherigen Marktführer, der oberhalb der CB 750 nichts zu bieten hatte, gehörig ins Schwitzen brachte. Mit der CBX 1000 meldete sich Japans Nummer 1 eindrucksvoll zurück. Der Sechszylinder war ein technisches Meisterstück und stieß mit 105 PS in neue Leistungsregionen vor, führte aber in Deutschland zum 100-PS-Limit. Insgesamt erwies sich der Sechszylinder-Weg als Sackgasse.

Die CBR-Reihen

Die Reihen-Vierzylinder der CBR-Modelle von 1987 waren extrem leicht und leistungsstark. Konsequenter Leichtbau, von kürzeren Kolben und gewichtsoptimierten Pleueln bis hin zu hohlgebohrten Nockenwellen und erleichterten Kurbelwellen drückten im Falle der 600er das Motorgewicht trotz Wasserkühlung auf niedrige 63 Kilogramm. Diese Konstruktion erwie sich als wahrer Glücksfall für den Hersteller, die CBR-Reihe wurde zu einem Erfolgsgaranten. Die nächste CBR-Generation erschien zur IFMA 1990. Neben einem anderen Verhältnis von Bohrung und Hub waren Motorgehäuse und Zylinderblock einteilig gegossen. Die Steuerkette verlief auf der rechten Seite, die Ventilbetätigung erfolgte über Tassenstößel. Acht Jahre später war die dritte Motoren-Generation angesagt, ihr Kennzeichen war die im Motorgehäuse gelagerte Schwinge.

Die CBR-900-Motoren waren den 600ern ähnlich, stellten aber eine Neukonstruktion dar. Größere Änderungen gab es 1996 (918er Motor), 1998 (130 PS) und 2002 (954 ccm). Die CBR 1000-Aggregate bauten um 70 mm höher als die der 600er; entsprechend unterschiedlich war auch die Einbaulage mit 12 Grad bei der 1000er und 35 Grad bei der kleineren CBR. Außerdem verfügte nur die größere CBR über eine Ausgleichswelle. Auch die CBR 1100 XX ist Teil dieser konstruktiv eng miteinander verwandten Familie, wobei der Super Blackbird zur Intermot 1998 das Verdienst gebühre, die erste CBR mit Einspritzung und Kat gewesen zu sein.

Die Gold Wing-Reihen
Die Vorarbeiten an einem großen Reisemotorrad von Honda hatten 1972 begonnen, zur IFMA 1974 feierte die GL 1000 dann Premiere. Ihr Markenzeichen war der kurzhubig ausgelegte Vierzylinder-Motor mit geräuschdämpfendem Wassermantel. Der flüsternde Riese bestach durch seine Laufruhe, weniger durch sein Fahrwerk, und basierte angeblich auf einem Stationärmotor. Das Vierzylinder-Boxerkonzept, verschiedentlich überarbeitet und im Hubraum auf 1200 cm^3 vergrößert, wurde erst 1987 ausrangiert: Die GL 1500/6 war der erste Sechszylinder-Boxermotor in einem Großserien-Motorrad. Den Umgang mit dem 394 kg schweren Dickschiff erleichterte ein Rückwärtsgang. Zur Intermot 2000 feierte dann die neue Honda Gold Wing ihre Europa-Premiere: Mit gewaltigen 1820 cm^3 Hubraum, rund 120 PS und Sechszylinder-Boxermotor.

Die V2-Reihen: CX 500 – NT 650 V
Merkmal der ersten V2-Modellreihe von 1978 war ein bulliger Twin, der angeblich zunächst einen Kleinwagen hätte antreiben sollen. Ob das nun stimmt oder nicht, Hondas Entwicklungschef Hiroshi Kameyama jedenfalls wählte für diesen ersten V-Twin aus dem Hause Honda den ungewöhnlichen Zylinderwinkel von 80 Grad und schuf einen kompakten, kurzen Triebwerksblock. Um Baubreite zu sparen, waren die Zylinderköpfe um 22 Grad nach außen gedreht worden. Eine zentrale, halbhoch angeordnete Nockenwelle betätigte über Stößelstangen und gegabelte Kipphebel die jeweils vier Ventile pro Zylinder. Die damit motorisierte Maschine gab es zunächst mit 400 und 500 cm^3, später auch mit 650 cm^3 Hubraum.
Die ihr folgende V2-Konstruktion war eine völlige Neukonstruktion, die über deutlich mehr Potenzial verfügte. Der wassergekühlte Twin spreizte seine beiden Zylinder im 52-Grad-Winkel; er war quer installiert worden. Jeder Zylinder hatte eine obenliegende Nockenwelle und Dreiventil-Köpfe.
Der V2-Motor wird seit 1982 gebaut und ist in zahlreichen Straßen-, Chopper- und Enduro-Modellen zu finden.
Eine dritte V2-Konstruktion bereichert das Honda-Programm seit 1997: für die VTR 1000 F entwickelte Honda einen neuen 90-Grad-Twin mit Vierventil-Zylinderköpfen, zwei kettengetriebenen Nockenwellen und Tassenstößeln. Dieses Triebwerk wurde für den Einsatz in der Superbike-WM konstruiert und war dann auch in den supersportlichen SP-1/SP-2 zu finden.

Die V4-Reihen: VF 500 – ST 1300
Konzipiert als Ablösung der Reihen-Vierzylindermotoren, präsentierte Honda die neue Triebwerksgeneration erstmals 1982 in der VF 750 S. Die neu entwickelte Antriebsquelle war wassergekühlt und quer eingebaut; ihre beiden Zylinderpaare standen – erstmals bei einer Honda – im Winkel von 90 Grad zueinander. Der Gaswechsel erfolgte über insgesamt 16 Ventile, vier Nockenwellen und Gabelschlepphebel. Die Nockenwellen drehten sich gleitgelagert direkt im Aluminium des Zylinderkopfes. Diesem V4-Konzept folgten – mit Variationen – die Vierzylinder-Modelle VF 500, 750 und VF 1000 F sowie die jeweiligen Chopper-Ableitungen. Die V4-Motoren der Folgegeneration hatten zwar noch 90-Grad-Winkel und Wasserkühlung, aber damit erschöpften sich auch schon so ziemlich die Gemeinsamkeiten. Hubzapfenversatz 180 Grad, Nockenwellenantrieb per Zahnrad, Doppelölpumpe, neue Zylinderköpfe: das VFR-Konzept ist auch mehr als 15 Jahre nach seinem Debüt noch voll auf der Höhe der Zeit. Natürlich erfuhr es im Laufe der Jahre zahlreiche Überarbeitungen und Verbesserungen, doch lassen sich seine technischen Grundzüge auch bei den RC-30- und RC-45-Modellen finden.

Eine Sonderstellung innerhalb dieser Familie nehmen die NR 750 und die ST 1300 ein: Die NR, weil sie im Grunde genommen über einen Achtzylinder-Motor verfügt, und die ST, weil deren Vierzylinder längs eingebaut ist und einen Kardanantrieb hat.

Die Enduros

Als Erfinder dieser Motorradgattung gilt Yamahas DT 1 von 1968; Honda hatte in dieser Beziehung lediglich die von den jeweiligen CB 250/350/450-Typen abgeleitete Scrambler zu bieten, die vor allem in Auspuff, Lenker und Bereifung verschieden waren. Die SL-Modelle von 1970 markierten dann den Übergang von den CL-Scramblern zu den XL-Enduros. Diese Maschinen in Trail-Optik entstanden unter Mithilfe von Sammy Miller, dem legendären Trial-Fahrer. Die SL-Typen waren hochmoderne Konstruktion, die SL 250 C von 1972 verfügte sogar über einen Einzylinder-Vierventilmotor. Über verschiedene Entwicklungsstufen und Verfeinerungen hielt sich dieses Triebwerk bis 1978 im Programm, dann kamen die neuen Vierventiler mit Ausgleichswellen, die unter der Verkaufsbezeichnung XL-S bis 1983/84 geführt wurden. Die darauf folgenden XL-R-Modelle verfügten über radial angeordnete Ventile. Spektakulärste Vertreterin der R-Reihe war die XL 600, die langlebigste die NX 650 Dominator, die erst am Ende der Saison 2000 auslief. Auf dem Sektor der zweizylindrigen Reiseenduros fanden die jeweils in den Straßenmodellen verwendeten 52-Grad-V-Twins Verwendung; nur die XLV 750 R von 1983 bildete da die Ausnahme: Ihr V2 hatte einen Zylinderwinkel von 45 Grad; der Sechsventil-Motor stammte aus der ersten VT 750 C. Topmodell der Enduro-Reihe ist die Varadero mit dem 90-Grad-V2 aus der VTR 1000 Firestorm.

Chopper und Cruiser

Honda hat zwar nicht den Chopper erfunden, doch als einer der ersten Hersteller verstanden, Custom-Bikes in Großserie zu bauen. In Europa begann die Chopper-Manie mit den CM-Typen, deren Ein- und Zweizylindermotoren den jeweiligen Straßenmodellen entnommen waren. Nachdem diese sich von Anfang an glänzend verkauften, schob Honda entsprechende Vierzylinder-Modelle nach. Diese basierten auf den dohc-Motoren der zweiten Vierzylinder-Generation, nur die CB 650 C wies einen der alten ohc-Fours auf. Die Chopper-Mittelklasse bestückte Honda Anfang der 80er mit den CX 500/650-Typen. Die Maschinen mit dem 80-Grad-V-Motor mit längsliegender Kurbelwelle wurde dann – nach kurzem Intermezzo mit einem 45-Grad-V2 – durch die Folgegeneration mit quer installierten 52-Grad-V2 abgelöst. Die VT und Shadow-Modelle waren allerdings keine verkappten Straßenmaschinen mehr, sondern bildschöne Custom-Bikes im Long-and-Low-Konzept.

Die F6C Valkyrie, eine Goldwing-Variante von 1996, gehörte mit zu den Auslösern der Retro-Welle, die zu einer Vielzahl von Cruisern führte, von Motorrädern, die aussahen, als ob sie in den 40ern bei Indian vom Band gerollt wären. Erst Mitte 2000 erschien mit der Black Widow wieder ein echter Chopper. Nach diesem Konzept gestrickt, präsentierte Honda dann zur Intermot 2000 die gewaltige VTX.

Nicht mehr als eine Fußnote in der Motorradgeschichte sind die V4-Chopper des Hauses, die Mitte der 80er Jahre zu haben waren: Ihr Motorkonzept – das überdies zur sportlichen Fahrweise viel besser passte – führte zu einigen völlig missglückten Kreationen, die heute zu Recht weitgehend vergessen sind.

CB 100 SS
(1971 – 1973)

Die kleinste Vertreterin der neuen Honda-Motorradlinie, die 1967/68 auf Kiel gelegt worden war, hieß CB 100 und gelangte Anfang der 70er Jahre nach Europa. Der Single leistete 11,5 PS bei 11.000/min und schaffte eine Spitze von 110 km/h. Diese Mischung aus Höchstleistung und Alltagstauglichkeit machte die 94 kg schwere starke CB 100 zu einem angenehmen Begleiter, schon ab mittleren Drehzahlen beschleunigte sie ruckfrei hoch. Die CB 100 feierte ihre Premiere auf der IFMA 1970; sie wurde bis 1976 in Deutschland verkauft. Der K0-Serie folgte die K1 mit einem zweifarbigen Tank; die K2 unterschied sich durch ihr völlig anderes Lackdesign und die zur Hälfte durch eine Chromhülse abgedeckten hinteren Stoßdämpfer.

Modell:	CB 100
Bauzeit:	1971–1976
Motor:	1-Zyl., 4-Takt
Hubraum:	99 ccm
Bohrung x Hub (mm):	50,5 x 49,5
Max. Leistung (PS/min):	11,5/11.000
Max. Drehmoment (Nm/min):	8,5/8000
Gemischaufbereitung:	Vergaser
Kraftübertragung:	5-Gang, Kette
Starter:	Kick
Fahrwerk:	Zentralrohr, Telegabel, Federbeine
Reifen (v/h):	2,50-18/2,75-18
Federweg (v/h):	114/75 mm
Bremsen (v/h):	T Ø 110 mm/T Ø 110 mm
Gewicht:	94 kg
Radstand (mm):	1205
Vmax (km/h):	110

CB 125
(1970-1976)

Ende der sechziger Jahre brachte Honda eine ganze Palette neuer Zweizylinder-Motorräder auf den Markt. Sie basierten zwar auf den früheren Twins, sahen aber radikal anders aus. Wichtigste Änderung waren der nahezu aufrecht stehende Motor und die neuen Keihin-Vergaser mit 23 statt 18 mm Durchlass. Tiefer greifende technische Änderungen hatte man aber nicht vorgenommen, es blieb beim Verhältnis von Bohrung und Hub von 44 zu 41 mm wie auch der Leistung von 15 PS bei 10.500/min. Auf einen Elektrostarter wurde verzichtet. Dafür kam ein fünfter Gang dazu. 1971 erhielt die Supersport-Honda einen Chromtank. Größere technische Änderungen gab es zur IFMA 1974, als die CB 125 – werksintern als B6-Baureihe bezeichnet – der CB 200 angeglichen wurde.

Modell:	CB 125
Bauzeit:	1970–1976
Motor:	2-Zyl., 4-Takt
Hubraum:	124 ccm
Bohrung x Hub (mm):	44 x 41
Max. Leistung (PS/min):	15/10.500
Max. Drehmoment (Nm/min):	9,8/8000
Gemischaufbereitung:	Vergaser
Kraftübertragung:	5-Gang, Kette
Starter:	Kick
Fahrwerk:	Pressstahl/Rohr, Telegabel, Federbeine
Reifen (v/h):	2.50-18/2.75-18
Federweg (v/h):	k. A.
Bremsen (v/h):	T Ø 130/T Ø 130 mm
Gewicht:	115 kg
Radstand (mm):	1280
Vmax (km/h):	120

CB 125 J/S
CG 125
(1975-1979; 1998-2000)

Die im Herbst 1975 eingeführte 125er stand bis zum Modelljahr 1979 im Honda-Programm und verfügte über den ohc-Single aus den SL- und XL-Enduros. Der Einzylinderzwerg gebärdete sich süchtig nach Drehzahlen, die Nennleistung von 14 PS stand bei 10.000/min an, dort begann auch der rote Bereich des Drehzahlmessers. Erwähnenswerte Modellpflegemaßnahmen fanden 1976 – Soziusfußrasten an separaten Auslegern, längere Sitzbank – und 1978 (Kickstartermechanismus) statt. Knapp 20 Jahre später nahm Honda Deutschland mit der in der Türkei gebauten CG 125 eine Maschine ins Programm, die technisch jener ersten 125er entsprach.

Modell:	CB 125 J/S
Bauzeit:	1975–1979
Motor:	1-Zyl., 4-Takt
Hubraum:	124 ccm
Bohrung x Hub (mm):	56,5 x 49,5
Max. Leistung (PS/min):	14/10.000
Max. Drehmoment (Nm/min):	9,9/9400
Gemischaufbereitung:	Vergaser
Kraftübertragung:	5-Gang, Kette
Starter:	Kick
Fahrwerk:	Zentralrohr, Telegabel, Federbeine
Reifen (v/h):	2,75-18/3,00-17
Federweg (v/h):	90/62 mm
Bremsen (v/h):	S Ø 240 mm/T Ø 120 mm
Gewicht:	95,5 kg
Radstand (mm):	1221
Vmax (km/h):	116

CB 125 T
(1978 – 1986)

Die Ablösung der betagten 125er hieß CB 125 T, nahm den Euro-Look der achtziger Jahre vorweg und stand ab Mitte 1977 im Schaufenster. Die Optik überzeugte, der neue, leicht überquadratisch ausgelegte Zweizylinder dagegen weniger: So etwas wie Vortrieb erzeugte er erst bei astronomisch hohen Drehzahlen, das nutzbare Drehzahlband war sehr schmal und hätte eigentlich eines Sechsganggetriebes bedurft, es blieb aber bei fünfen: der linke Fuß kam nicht zur Ruhe. Ein ganz düsteres Kapitel war auch die Seilzug-betätigte vordere Scheibenbremse: Honda-Käufer durften Besseres erwarten.

Die T wandelte sich 1979 zur T 2 und trug jetzt ComStar-Räder; 1980 schließlich bot Honda einen 10 PS-Drosselsatz an. Die Leistungsreduzierung erfolgte über eine andere Nockenwelle.

Modell:	CB 125 T
Bauzeit:	1978–1985
Motor:	2-Zyl., 4-Takt
Hubraum:	124 ccm
Bohrung x Hub (mm):	44 x 41
Max. Leistung (PS/min):	17/11.500
Max. Drehmoment (Nm/min):	10/10.500
Gemischaufbereitung:	Vergaser
Kraftübertragung:	5-Gang, Kette
Starter:	Kick
Fahrwerk:	Zentralrohr, Telegabel, Federbeine
Reifen (v/h):	2,75-18/3,00-18
Federweg (v/h):	115/64 mm
Bremsen (v/h):	S Ø 245/T Ø 130 mm
Gewicht:	114 kg
Radstand (mm):	1275
Vmax (km/h):	125
Anmerkung:	1979 T2 mit ComStar-Rädern, 1980 a. W. mit 10 PS

NSR 125
(1997–2002)

Den boomenden 125er Markt bediente Honda 1997 mit der im italienischen Zweigwerk gebauten NSR 125. Modellbezeichnung wie auch Optik wiesen die 7999 Mark teure 125er als kompromissloses Sportgerät aus; von vorn erinnerte die kleine NSR mit Vollverkleidung und Insektenaugen-Scheinwerfern an die Ovalkolben-Honda NR 750. Hinter der dreifarbig lackierten Verkleidungsschale versteckte sich ein flüssigkeitsgekühlter Einzylinder-Zweitaktmotor mit Getrenntschmierung, elektronischer Auslasssteuerung und Ausgleichswelle. Er hing in einem Brückenrahmen aus Leichtmetall. Hinten kam eine Kastenschwinge mit Pro-Link zum Einsatz, als Stopper dienten vorn eine riesige Scheibenbremse samt Doppelkolben-Bremssattel.

Modell:	NSR 125
Bauzeit:	1997–2002
Motor:	1-Zyl., 2-Takt
Hubraum:	124,5 ccm
Bohrung x Hub (mm):	56 x 50,6
Max. Leistung (PS/min):	12,5/7000
Max. Drehmoment (Nm/min):	15/8000
Gemischaufbereitung:	Vergaser
Kraftübertragung:	6-Gang, Kette
Starter:	Kick
Fahrwerk:	Alu-Rahmen, Telegabel, Zentralfederbein
Reifen (v/h):	100/80-17/130/70-17
Federweg (v/h):	118/125 mm
Bremsen (v/h):	S Ø 318/S Ø 230 mm
Gewicht:	144 kg
Radstand (mm):	1345
Vmax (km/h):	115

CBR 125 R
(seit 2004)

Den Worten ließ Honda alsbald Taten folgen: Bis 2004 wollte der größte Motorenhersteller der Welt keine Zweitakter mehr bauen – kein Wunder also, dass die NSR 125-Nachfolgerin CBR 125 R im Viertakt arbeitete. Unter der schicken Schale der für Europa konzipierten, aber in Thailand gebauten Renn-Replica pochte ein 14 PS starker Zweiventil-Single mit Wasserkühlung, CDI-Zündung und Katalysator im Abgassammler. Ein Brückenrahmen aus Stahlrohr und neue Aluminium-Felgen, eine schnittige Verkleidung mit zwei Multireflektor-Scheinwerfern und die voll elektronischen Instrumenteneinheit mit einem bis zu 200 km/h reichenden Tachometer vervollständigten den Nachwuchs-Renner. Mit 124 kg war dieser nicht nur 20 kg leichter als die NSR, sondern mit 2690 Euro auch um 1750 Euro günstiger.

Modell:	CBR 125 R
Bauzeit:	2004–
Motor:	1-Zyl., 4-Takt, flüssiggekühlt
Hubraum:	124 ccm
Bohrung x Hub (mm):	58 x 47,2
Max. Leistung (PS/min):	14/10.000
Max. Drehmoment (Nm/min):	10,1/8000
Gemischaufbereitung:	Vergaser, U-Kat
Kraftübertragung:	6-Gang, Kette
Starter:	Elektro
Fahrwerk:	Brückenrahmen, Telegabel, Federbeine
Reifen (v/h):	80/90-17/100/80-17
Federweg (v/h):	109/120
Bremsen (v/h):	S Ø 276/S Ø 220 mm
Gewicht:	124 kg
Radstand (mm):	1294
Vmax (km/h):	k. A.

CB 200
(1974 – 1976)

Die CB 200 stand auf der IFMA 1974 und basierte auf der in den USA höchst erfolgreichen 175er. Die Konstruktion unterschied sich von den kleineren Twins durch den mittig angeordneten Kettenschacht (CB 125: links), von den größeren durch den Hubzapfenversatz: Die CB 200 war mit 360 Grad (CB 250/350: 180 Grad) ein echter Paralleltwin englischer Schule. Ihre Domäne war der Stadtverkehr, ihre Schwäche die zu sehr auf den amerikanischen Geschmack zugeschnittene Optik und die sehr weiche Auslegung der fünffach verstellbaren Federbeine. An der Vorderhand verzögerte eine Scheibenbremse, die allerdings mechanisch, also per Bowdenzug betätigt werden musste. Dennoch erreichte die laut Werk 130 km/h schnelle Maschine ordentliche Verzögerungswerte und erfreute sich als Fahrschulmaschine großer Beliebtheit.

Modell:	CB 200
Bauzeit:	1974–1976
Motor:	2-Zyl., 4-Takt
Hubraum:	198 ccm
Bohrung x Hub (mm):	55,5 x 41 mm
Max. Leistung (PS/min):	17/9000
Max. Drehmoment (Nm/min):	13,9/8000
Gemischaufbereitung:	Vergaser
Kraftübertragung:	5-Gang, Kette
Starter:	Elektro
Fahrwerk:	Pressstahl, Rohr, Telegabel, Federbeine
Reifen (v/h):	2,75-18/3,00-18
Federweg (v/h):	105/68 mm
Bremsen (v/h):	S Ø 212/T Ø 130 mm
Gewicht:	132 kg
Radstand (mm):	1290
Vmax (km/h):	123

CB 250/350 K
(1968–1973)

Modell:	CB 250 K (350 K)
Bauzeit:	1968–1973
Motor:	2-Zyl., 4-Takt
Hubraum:	249 ccm (325 ccm)
Bohrung x Hub (mm):	56 x 50,6 (60 x 50,6)
Max. Leistung (PS/min):	30/10.500 (36/10.500)
Max. Drehmoment (Nm/min):	21/9500 (25/9500)
Gemischaufbereitung:	Vergaser
Kraftübertragung:	5-Gang, Kette
Starter:	Kick/Elektro
Fahrwerk:	Rundrohr/Pressteile, Telegabel, Federbeine
Reifen (v/h):	3,00-18/3,25-18 (h: 3,50-18)
Bremsen (v/h):	T Ø 180 mm/T Ø 165 mm
Gewicht:	170 kg
Radstand (mm):	1320
Vmax (km/h):	150 (160)

Als Nachfolgerin der CB 72/77 feierte die CB 250/350 Ende 1967 in London Premiere. Hauptmerkmal der Neukonstruktion war die Position des Motors, der nun nahezu senkrecht stand. Zum neuen Zweizylinder-Motor gesellte sich ein neues Fahrwerk aus Rundrohren und Pressteilen. Die bis 1973 verkauften 250/350er unterschieden sich, je nach Baujahr mit dem Zusatz K1 bis K4 versehen, vor allem in Kleinigkeiten wie Lackdesigns, Dekore und Schriftzüge; die letzten Modelle (»disc«) wurden mit einer Scheibenbremse im Vorderrad ausgeliefert. Obwohl die 350er (im Bild: Modelljahr 1971) baugleich und nur wenig stärker als die 250er war, galt sie doch als die bessere Alternative, da sie die Fahrleistungen größerer Motorräder mit dem Gewicht und der Handlichkeit einer 250er kombinierte.

CB 250/ 360 G
(1974–1977)

Die CB 250 G wurde zusammen mit der CB 360 G erstmals Ende 1973 in den USA gezeigt. Die Ablösung der »K-disc« war zuverlässiger als diese, hatte einen automatischen Steuerkettenspanner und ein Sechsganggetriebe. Erfreulich war die bessere Zugänglichkeit des Motors, der für Reparaturarbeiten nicht mehr ausgebaut werden musste. Die Motorleistung der 250er war von 30 auf 27 PS gesunken, darunter litten auch die Fahrleistungen der 170 kg schweren Honda, die im Test nicht mehr als 125 km/h schaffte. Kritik entzündete sich am Chassis: Der Verzicht auf die noch bei den Vorgängern üblichen Pressblechteile brachte Unruhe ins Fahrwerk. Die praktisch baugleiche 360er leistete 34 PS.

Modell:	CB 250 G (360 G)
Bauzeit:	1974–1977
Motor:	2-Zyl., 4-Takt
Hubraum:	249 ccm (356 ccm)
Bohrung x Hub (mm):	56 x 50,6 (67 x 50,6)
Max. Leistung (PS/min):	27/9500 (34/9000)
Max. Drehmoment (Nm/min):	21,6/9000 (11,3/8000)
Gemischaufbereitung:	Vergaser
Kraftübertragung:	6-Gang, Kette
Starter:	Kick/Elektro
Fahrwerk:	Zentralrohr, Telegabel, Federbeine
Reifen (v/h):	3,00-18/3,50-18
Federweg (v/h):	114,5/77,6 mm
Bremsen (v/h):	S Ø 214 mm/T Ø 160 mm
Gewicht:	170 kg
Radstand (mm):	1345
Vmax (km/h):	150 (165)

CJ 250/360 T
(1976–1979)

Bei den CJ-Typen handelte es sich um die sportlich angehauchten Sparversionen der bekannten CB 250/360-Typen: Anlasser, sechster Gang und ein Auspufftopf waren dem Rotstift zum Opfer gefallen; die Optik orientierte sich an den größeren Vierzylindern. Trotz identischer technischer Basis setzten sich die CJ-Typen besser in Szene als die CB-Typen, was vor allem der neuen Telegabel zu verdanken war. Schwachstellen blieben die hydraulisch betätigte Scheibenbremse, deren Betätigung hohe Handkräfte erforderte sowie die kernigen Vibrationen dieser Twins ohne Ausgleichswellen.
Im Vergleich zu den CB-Typen war die Straßenlage besser, was nicht zuletzt ein Verdienst der neuen Gabel nach italienischem Vorbild war. Die CJ-T-Modelle wurden nur auf wenigen Märkten angeboten. Hierzulande wurden die letzten Exemplare 1979 verkauft.

Modell:	CJ 250 (360) T
Bauzeit:	1976–1979
Motor:	2-Zyl., 4-Takt
Hubraum:	249 ccm
Bohrung x Hub (mm):	56 x 50
Max. Leistung (PS/min):	27/9500
Max. Drehmoment (Nm/min):	20,6/8500
Gemischaufbereitung:	Vergaser
Kraftübertragung:	5-Gang, Kette
Starter:	Kick/Elektro
Fahrwerk:	Zentralrohr, Telegabel, Federbeine
Reifen (v/h):	3,00-18/3,50-18
Federweg (v/h):	140/77 mm
Bremsen (v/h):	S Ø 260/T Ø 160 mm
Gewicht:	175 kg
Radstand (mm):	1345
Vmax (km/h):	135

CB 250/400 T
(1977 – 1978)

Als Honda 1977 auf dem Pariser Salon seine neue Twin-Generation vorstellte, konzentrierte sich das Interesse vor allem auf die neue Technik, die Dreiventil-Zylinderköpfe, die beiden Ausgleichswellen und die wartungsfreie Transistor-Zündung. Ein Schwachpunkt war das hohe Gewicht, mit vollem 14-Liter-Tank kamen sie auf stolze 185 kg. Die 250er wurde international mit 27 vermarktet, in Deutschland lediglich mit 17 PS. Die Fahrwerksauslegung geriet bei beiden sportlich straff und bot vergleichsweise wenig Komfort. Während die offene, 43 PS starke 400er von den Testern vielfach gelobt wurde, galt die hier lieferbare 27-PS-Drosselversion als lahme Ente, die kaum 130 km/h schaffte. 1979 gab es die noch temperamentlosere CB 400 T mit Zweigang-Automatik, die in Beschleunigung und Durchzug noch mehr zu wünschen übrig ließ.

Modell:	CB 250 T (CB 400 T)
Bauzeit:	1977–1979
Motor:	2-Zyl., 4-Takt, 6 V
Hubraum:	245 ccm (395 ccm)
Bohrung x Hub (mm):	62 x 41,4 (70,5 x 50,6)
Max. Leistung (PS/min):	17/8500 (27/7500)
Max. Drehmoment (Nm/min):	16,2/6500 (27,5/6500)
Gemischaufbereitung:	Vergaser
Kraftübertragung:	5-Gang, Kette
Starter:	Kick/Elektro
Fahrwerk:	Zentralrohr, Telegabel, Federbeine
Reifen (v/h):	3,60-18 (3,60-19)/ 4,10-18
Federweg (v/h):	140/90 mm
Bremsen (v/h):	S Ø 280 mm/T Ø 140 mm
Gewicht:	175 (185) kg
Radstand (mm):	1390
Vmax (km/h):	117 (145)
Anmerkung:	1979 auch als CB 400 A mit Hondamatik lieferbar.

CB 250/400 N
(1978 – 1984)

Die neue T-Generation war noch keine zehn Monate auf dem Markt, als schon die Nachfolger in den Startlöchern standen. Richtig neu war allerdings nur das Design im Eurostyle-Look. Die Euro-Mode stand aber auch für technischen Fortschritt wie sechs Gänge und ComStar-Räder. In der deutschen 17-PS-Version bot die 250 N (die 1980 auch mit 27 PS angeboten wurde) nur bescheidene Fahrleistungen. Die praktisch baugleiche 400 N dagegen entwickelte sich zum Bestseller. 1981 versah Honda sein Erfolgsmodell (das offen 43 PS lieferte) mit goldfarbenen ComStar-Rädern, anderer Sitzbank und höherem Lenker. Das 82er Modell verzichtete auf einen Kickstarter, trug einen schwarzen Motor mit außenliegenden Ölsteigleitungen, erhielt einen Vorderradkotflügel aus Kunststoff sowie Doppelkolben-Bremssättel. Großer Beliebtheit erfreute sich die Chopper-Variante CM 400 T.

Modell:	CB 250 N (400 N)
Bauzeit:	1978–1984
Motor:	2-Zyl., 4-Takt, 6 V
Hubraum:	249,8 ccm (394,8 ccm)
Bohrung x Hub (mm):	62 x 41,1 (70,5 x 50,6)
Max. Leistung (PS/min):	17/8500 (27/7500)
Max. Drehmoment (Nm/min):	16,2/6500 (27,5/6500)
Gemischaufbereitung:	Vergaser
Kraftübertragung:	6-Gang, Kette
Starter:	Kick/Elektro
Fahrwerk:	Zentralrohr, Telegabel, Federbeine
Reifen (v/h):	3,60-18 (3,60-19)/ 4,10-18
Federweg (v/h):	139,5/96 mm
Bremsen (v/h):	S Ø 280 mm (2 x S Ø 254 mm)/T Ø 140 mm
Gewicht:	184 (186) kg
Radstand (mm):	1395
Vmax (km/h):	125 (141)

CB 250 RS
(1980-1985)

Die CB 250 RS vom Juli 1980 war ursprünglich für den englischen Markt entwickelt worden, fungierte dann aber auch als Einstiegsmodell in Deutschland, da hierzulande ein attraktives Modell in der Viertelliterklasse fehlte.
Herzstück der 139 kg schweren RS (Road Sport) war der leicht modifizierte Vierventil-Single aus der XL 250 S, der durch längere Ventilöffnungszeiten, einen anders bedüsten Vergaser sowie eine geringfügig höhere Verdichtung dem neuen Einsatzzweck angepasst worden war. Ein nach unten offener Einrohrrahmen, der den Motor als tragendes Element integrierte, Leichtmetallfelgen mit Drahtspeichen, Kickstarter sowie Schwinge mit Federbeinen komplettierten die 26 PS starke CB 250; die Optik erinnerte an Hondas Euro-Styling. Überdies gab es die RS – als einziges japanisches Modell in dieser Klasse – auch mit Cockpitverkleidung, kleinen Gepäckkoffern und Sturzbügeln. Alternativ stand auch eine 17-PS-Variante im Programm.

Modell:	CB 250 RS
Bauzeit:	1980–1985
Motor:	1-Zyl., 4-Takt, 4 V
Hubraum:	245 ccm
Bohrung x Hub (mm):	74 x 57,8
Max. Leistung (PS/min):	26/8500
Max. Drehmoment (Nm/min):	22/7000
Gemischaufbereitung:	Vergaser
Kraftübertragung:	5-Gang, Kette
Starter:	Kick
Fahrwerk:	Zentralrohr, Telegabel, Federbeine
Reifen (v/h):	3,00-18/4,10-18
Federweg (v/h):	140/82 mm
Bremsen (v/h):	S Ø 240/T Ø 140 mm
Gewicht:	139 kg
Radstand (mm):	1350
Vmax (km/h):	140

CB Two Fifty
(1996 – 1999)

Die CB Two Fifty von 1996, außerhalb Deutschlands in dieser Aufmachung seit 1992 angeboten, erinnerte in Optik wie auch der Modellbezeichnung an die erfolgreiche CB Seven Fifty und entpuppte sich als ideales Einsteiger- und Kurzstrecken-Gefährt. Gebaut wurde sie bei der Honda-Tochter Montesa, lediglich Bremsen, Vergaser und Motor kamen aus Japan. Bei letzterem handelte es sich übrigens um eine Zweiventil-Konstruktion aus den späten Siebzigern, die in der CMX 250 Dienst tat. Die auch als »Hawk« bezeichnete 250er galt als sehr geglückte Konstruktion. Die einzige echte Kritik betraf die unterdimensionierte Showa-Gabel mit den 31er Standrohren aus spanischer Produktion. Zum Modelljahr 2000 verschwand die Two Fifty aus dem deutschen Programm.

Modell:	CB Two Fifty
Bauzeit:	1996–1999
Motor:	2-Zyl., 4-Takt
Hubraum:	233 ccm
Bohrung x Hub (mm):	53 x 53
Max. Leistung (PS/min):	17/8000
Max. Drehmoment (Nm/min):	17/6500
Gemischaufbereitung:	Vergaser
Kraftübertragung:	5-Gang, Kette
Starter:	Elektro
Fahrwerk:	Zentralrohr, Telegabel, Federbeine
Reifen (v/h):	90/100-18/120/90-16
Federweg (v/h):	130/100 mm
Bremsen (v/h):	S Ø 240/T Ø 130 mm
Gewicht:	148 kg
Radstand (mm):	1425
Vmax (km/h):	120

CB 350 F
(1972–1974)

Die kleinste Serien-Four war eine völlig eigenständige Entwicklung, die nur einige Kleinteile wie den Ölfilterdeckel oder die Zahnkette des Primärantriebs von den größeren Vierzylindern übernahm. Die Kraftübertragung erfolgte über ein klauengeschaltetes Fünfganggetriebe, die Kraftstoffzufuhr – die Four bevorzugte Super – besorgte ein 22er-Keihin-Quartett. Verzögert wurde über eine vordere Scheibenbremse. Das Chassis wies Parallelen mit den Zweizylinder-Rahmen auf, sein Rückgrat bildete ein gepresstes Stahlblechstück mit einem Unterzug, der sich in der Höhe des Motorölfilters teilte. Zum Frühjahr 1972 stand die 34 PS starke Bonsai-Honda dann schließlich zum Verkauf; Soichiro Honda hielt die 350 F für die gelungenste Vierzylinder-Konstruktion seines Hauses.

Modell:	CB 350 F
Bauzeit:	1972–1974
Motor:	4-Zyl., 4-Takt
Hubraum:	347 ccm
Bohrung x Hub (mm):	47 x 50
Max. Leistung (PS/min):	34/9500
Max. Drehmoment (Nm/min):	27,6/8000
Gemischaufbereitung:	Vergaser
Kraftübertragung:	5-Gang, Kette
Starter:	Kick/Elektro
Fahrwerk:	Pressstahl, Telegabel, Federbeine
Reifen (v/h):	3,00-18/3,50-18
Federweg (v/h):	115/79 mm
Bremsen (v/h):	S Ø 260/T Ø 160 mm
Gewicht:	190 kg
Radstand (mm):	1355
Vmax (km/h):	145

CB 400 F
(1974–1977)

Als Ablösung für CB 350 präsentierte Honda auf der IFMA 1974 die CB 400 F. Im Design orientierte sie sich an den größeren Modellen, ihre technische Plattform bildete das Triebwerk der 350 F. Zu den wichtigsten Änderungen gegenüber dem Vormodell gehörte das Sechsganggetriebe. Die Höchstgeschwindigkeit betrug laut Werk 170 km/h, bei Tests wurden allerdings nicht mehr als 158 km/h gemessen. Die 400 F war die erste Maschine mit einer serienmäßigen 4-in-1-Auspuffanlage; ihr Handicap waren die miserablen Bridgestone-Pneus und die Wegwerf-Dämpferbeine. Die 37 PS starke CB 400 F stand hierzulande nur zwei Jahre lang im Angebot, agierte aber in Japan und anderswo deutlich erfolgreicher. 1992 gab es für kurze Zeit dann in Form der CB-1 erneut eine Vierzylinder-400er zu kaufen.

Modell:	CB 400 F
Bauzeit:	1974–1977
Motor:	4-Zyl., 4-Takt
Hubraum:	405 ccm
Bohrung x Hub (mm):	51 x 50
Max. Leistung (PS/min):	37/8500
Max. Drehmoment (Nm/min):	31,4/8000
Gemischaufbereitung:	Vergaser
Kraftübertragung:	6-Gang, Kette
Starter:	Kick/Elektro
Fahrwerk:	Zentralrohr, Telegabel, Federbeine
Reifen (v/h):	3,00-18/3,50-18
Federweg (v/h):	115/79 mm
Bremsen (v/h):	S Ø 214/T Ø 160 mm
Gewicht:	178 kg
Radstand (mm):	1355
Vmax (km/h):	170

NS 400 R
(1984–1986)

Mitte der 80er Jahre kam es zu einer kurzzeitigen Renaissance großvolumiger Sportmotorräder mit Zweitaktmotor. Neben Yamahas RD 500 und Suzukis RG 500 erschien Hondas NS 400 R, eine Replica von »Fast Freddie's« WM-Siegermaschine. Im Gegensatz zu den 500er-Vierzylindern setzte Honda allerdings auf eine Dreizylinder-400er mit einer Leistung von 72 PS. Der spitzen Leistungscharakteristik wirkte ein Auslass-Steuerungssystem entgegen, die verkappte Rennmaschine benötigte dennoch hohe Drehzahlen, um voran zu kommen. Geballte Renntechnik steckte auch im Alu-Chassis mit Rechteck-Rohrrahmen und Pro-Link-Kastenschwinge. Die Führung des Vorderrades übernahm eine konventionelle, gut abgestimmte Teleskopgabel mit 37er Standrohren und Luftunterstützung sowie Anti-Dive-System TRAC. Die NS bestach durch ihr außerordentlich gutes Handling und fulminante Fahrleistungen.

Modell:	NS 400 R
Bauzeit:	1984–1986
Motor:	3-Zyl., 2-Takt
Hubraum:	387 ccm
Bohrung x Hub (mm):	57 x 50,6
Max. Leistung (PS/min):	72/10.000
Max. Drehmoment (Nm/min):	56/8000
Gemischaufbereitung:	Vergaser
Kraftübertragung:	6-Gang, Kette
Starter:	Kick
Fahrwerk:	Doppelschleife, Telegabel mit Anti-Dive, Zentralfederbein
Reifen (v/h):	100/90-16/110/90-17
Federweg (v/h):	120/100 mm
Bremsen (v/h):	2 x S Ø 256 mm/ S Ø 220 mm
Gewicht:	192 kg
Radstand (mm):	1396
Vmax (km/h):	208

CB 450 K
(1968–1974)

Die CB 450 mit dem neuen DOHC-Twin von 1965 war das bis dahin hubraumstärkste Motorrad der Marke und galt auch wegen der aufwändigen Ventilbetätigung über Drehstäbe (was zuerst im Rennsport erprobt worden war) als Sensation. Der Primärtrieb erfolgte über Zahnräder, anstelle eingeschrumpfter Ventilsitze wurden Graugusskalotten mit gefrästen Ventilsitzen verwendet. Der hohe Aufwand machte sich allerdings nicht bezahlt, sie verkaufte sich nicht so gut, wie Honda erwartet hatte. Nach enttäuschendem Auftakt präsentierte die Firma 1968 die verbesserte K1 mit 45 PS, neu konstruiertem Fünfgang-Getriebe, modifizierter Gemischaufbereitung, separaten Gehäusen für Drehzahlmesser und Tachometer und kleinerem 12-Liter-Tank. Jetzt endlich überzeugte sie, stand aber im Schatten der CB 750. Sie war bis 1974 lieferbar, darunter als K2 mit 750er Optik und als K3 mit Scheibenbremse

Modell:	CB 450 K
Bauzeit:	1968–1974
Motor:	2-Zyl., 4-Takt
Hubraum:	444 ccm
Bohrung x Hub (mm):	70 x 57,8
Max. Leistung (PS/min):	45/9000
Max. Drehmoment (Nm/min):	38/7000
Gemischaufbereitung:	Vergaser
Kraftübertragung:	5-Gang, Kette
Starter:	Kick/Elektro
Fahrwerk:	Doppelschleife, Telegabel, Federbeine
Reifen (v/h):	3,25-18/3,50-18
Federweg (v/h):	121/75 mm
Bremsen (v/h):	T Ø 200 mm/T Ø 180 mm
Gewicht:	193 kg
Radstand (mm):	1375
Vmax (km/h):	170
Anmerkung:	Ab Modell K3 (1972) mit vorderer Scheibenbremse.

CB 450 N/S
(1984–1989)

Die CB 450 N erschien zur IFMA 1984 und löste die CB 400 N ab. Neu war vor allem das Styling samt Gussrädern, bekannt dagegen war der Motor, ein aufgebohrtes Aggregat aus der ersten Euro-N. Auch der unten offene Rohrrahmen mit tragendem Motor stammte aus dem Euro-Fundus, ebenso die Telegabel. Da aber die in Brasilien gebaute CB 450 N nicht besonders gut ankam, erschien bereits im Februar 1986 die CB 450 S. Sie überzeugte vor allem durch ihre Optik, geprägt durch den formschönen Gitterrohrrahmen, der den technisch praktisch unveränderten Twin umschloss. Trotz der sportlichen Optik machte die S mit stärker dimensionierter Telegabel und einer in Rollen gelagerten Kastenschwinge auch als Tourer eine ausgesprochen gute Figur. Größere Modellpflegemaßnahmen fanden nicht statt.

Modell:	CB 450 S
Bauzeit:	1986–1989
Motor:	2-Zyl., 4-Takt, 6 V
Hubraum:	447 ccm
Bohrung x Hub (mm):	75 x 50,6
Max. Leistung (PS/min):	27/7000 (44/9000)
Max. Drehmoment (Nm/min):	33/8500 (38/7000)
Gemischaufbereitung:	Vergaser
Kraftübertragung:	6-Gang, Kette
Starter:	Elektro
Fahrwerk:	Gitterrohr, Telegabel, Federbeine
Reifen (v/h):	100/90-18/110/90-18
Federweg (v/h):	140/100 mm
Bremsen (v/h):	2 x S Ø 256 mm/ T Ø 140 mm
Gewicht:	185 kg
Radstand (mm):	1405
Vmax (km/h):	141 (171)

CB 500 T
(1974-1976)

Die Nachfolgerin der CB 450 erschien zur IFMA 1974. Der Unterschied zum Vormodell war gar nicht so groß, auch die neue Halbliter-CB-T erinnerte ganz bewusst an die britischen Paralleltwins der fünfziger und sechziger Jahre. Allerdings war die Zeit für Retro-Bikes noch nicht reif. Herzstück der CB 500 war das DOHC-Aggregat mit Drehstab-Ventilfedern, dessen Konstruktion aus der ersten Hälfte der Sechziger stammte. Was sich seit den Tagen der ersten CB 450 geändert hatte, war lediglich der Hub. Auch das Chassis – Rohrrahmen, unter dem Motor gegabelt –, Vergaser, Elektrik, Räder und Bremsen entsprachen dem Vorgänger. Die 500er war mit 42 PS bei 8000/min allerdings um drei PS schwächer.

Modell:	CB 500 T
Bauzeit:	1974–1976
Motor:	2-Zyl., 4-Takt
Hubraum:	444 ccm
Bohrung x Hub (mm):	70 x 64,8
Max. Leistung (PS/min):	42/8000
Max. Drehmoment (Nm/min):	38/7000
Gemischaufbereitung:	Vergaser
Kraftübertragung:	5-Gang, Kette
Starter:	Kick/Elektro
Fahrwerk:	Zentralrohr, Telegabel, Federbeine
Reifen (v/h):	3,25-18/3,50-18
Federweg (v/h):	121/75 mm
Bremsen (v/h):	T Ø 200 mm/T Ø 180 mm
Gewicht:	210 kg
Radstand (mm):	1410
Vmax (km/h):	165

CB 500 F
(1971 – 1977)

In den USA 1971 präsentiert, war die CB 500 der zweite Großserien-Vierzylinder des japanischen Herstellers. Mit der CB 750 hatte sie allerdings nur wenig zu tun, beim Motor handelte es sich um eine weitgehende Neukonstruktion. Ein weniger aufwändig versteifter Doppelschleifen-Rohrrahmen bildete das Rückgrat der 500 F. Deren Leergewicht lag um rund 30 Kilogramm unter dem der 750er, die Höchstgeschwindigkeit um etwa 20 km/h darunter. Schwachstellen der 48 PS-Maschine waren die hinteren Federbeine, das schlechte Licht sowie die unbefriedigende Erstbereifung. Größere Modellpflegemaßnahmen fanden nicht statt.

Modell:	CB 500 F
Bauzeit:	1971–1977
Motor:	4-Zyl., 4-Takt
Hubraum:	498 ccm
Bohrung x Hub (mm):	56 x 50,6
Max. Leistung (PS/min):	48/9000
Max. Drehmoment (Nm/min):	41,7/7500
Gemischaufbereitung:	Vergaser
Kraftübertragung:	5-Gang, Kette
Starter:	Kick/Elektro
Fahrwerk:	Doppelschleife, Telegabel, Federbeine
Reifen (v/h):	3,25-19/3,50-18
Federweg (v/h):	120/75 mm
Bremsen (v/h):	S Ø 230/T Ø 180 mm
Gewicht:	202 kg
Radstand (mm):	1440
Vmax (km/h):	168

FT 500
(1982–1984)

Die FT 500 steht für Hondas Versuch, Yamahas SR 500 Konkurrenz zu machen. Die Optik des Halbliter-Singles erinnerte stark an amerikanische Dirt-Track-Racer. Die FT wurde in den USA auch mit dem Zusatz »Ascot«, einer kalifornischen Rennstrecke, vermarktet. Herzstück der FT 500 war ein Einzylinder-Viertakter. Dieser Vierventilmotor stammte aus der XL 500 S, war aber für den Einsatz im Straßenfahrwerk überarbeitet und mit einem Elektro-Starter versehen worden. Die Kombination aus nach unten offenem Einrohrrahmen, langer, flach angestellter Gabel mit 37 mm Standrohren und langem Radstand überzeugte in Geradeauslauf und Komfort: Die FT war ohne Zweifel die bessere SR, bot aber nicht den von Fans so gewünschten Klassiker-Touch. Nach 1983 wurden in Japan keine FT mehr gebaut.

Modell:	FT 500
Bauzeit:	1982–1984
Motor:	1-Zyl., 4-Takt, 4 V
Hubraum:	494 ccm
Bohrung x Hub (mm):	89 x 80
Max. Leistung (PS/min):	27/5500
Max. Drehmoment (Nm/min):	40/4000
Gemischaufbereitung:	Vergaser
Kraftübertragung:	5-Gang, Kette
Starter:	Elektro
Fahrwerk:	Zentralrohr, Telegabel, Federbeine
Reifen (v/h):	3,50-19/4,25-18
Federweg (v/h):	130/110 mm
Bremsen (v/h):	S Ø 300/S Ø 300
Gewicht:	159 kg
Radstand (mm):	1435
Vmax (km/h):	136

XBR 500/GB 500 Clubman (1985–1990)

Die XBR 500 kombinierte klassische Stilelemente mit modernster Technik: Ihr Vierventil-Zylinderkopf mit radial angeordneten Ventilen fand sich auch in den XL-R-Enduros. Dafür geriet das Chassis mit Telegabel vorn und koventioneller (Kasten-) Schwinge samt zweier fünffach verstellbarer Federbeine eher konservativ. Bei einem Leergewicht von 150 kg gefiel der mit 27 und 42 PS lieferbare Viertakt-Single in Handling und Fahrleistungen und imponierte besonders im mittleren Drehzahlbereich mit kräftigem Antritt. Bei der 1992 aus den USA eingeführten GB 500 handelte es sich um eine Variante der XBR mit klassischem Styling und »Tourist Trophy«-Logo auf den Seitendeckeln, die nur kurze Zeit lieferbar war und keine Soziuszulassung besaß.

Modell:	XBR 500 S (Clubman)
Bauzeit:	1985–1990 (1992–1993)
Motor:	1-Zyl., 4-Takt, 4 V
Hubraum:	498 ccm
Bohrung x Hub (mm):	92 x 75
Max. Leistung (PS/min):	42/7000 (38/7500)
Max. Drehmoment (Nm/min):	44/600 (38/6500)
Gemischaufbereitung:	Vergaser
Kraftübertragung:	5-Gang, Kette
Starter:	Kick/Elektro
Fahrwerk:	Doppelschleife (Zentralrohr), Telegabel m. (o.) Anti Dive, Federbeine
Reifen (v/h):	100/90-18/110/90-18 (v: 90/90-18)
Federweg (v/h):	140/100 (105/96) mm
Bremsen (v/h):	S Ø 280 mm/ TØ 140 mm (v: SØ 282)
Gewicht:	182 kg (179 kg)
Radstand (mm):	1400 (1412)
Vmax (km/h):	175 (166)

CB 500/S
(1993-2003)

Unter dem Traditionsnamen CB 500 entstand ein völlig neuer dohc-Twin. Angetrieben wurde dieser von einem ebenfalls neuen Reihenmotor mit acht Ventilen, zahnradgetriebener Ausgleichswelle und Wasserkühlung. Die Motorleistung betrug, je nach Ausführung, zwischen 34 und 58 PS. Der Doppelschleifen-Rahmen bestand aus Stahlrohren, verstärkt durch Kastenprofile. Der linke Unterzug war abbaubar. Mit ihrer auf Handlichkeit getrimmten Geometrie zeigte sich die CB über jegliche Fahrwerksschwächen erhaben. 1996 spendierte Honda eine hintere Scheibenbremse, vorne gab es – da die CB 500 nun in Italien gebaut wurde – Brembo-Bremszangen. Nur 1997 lieferte der Importeur ein limitiertes Sondermodell mit Vollverkleidung, 1998 folgte die CB 500 S mit Halbschale.

Modell:	CB 500
Bauzeit:	1993–2003
Motor:	2-Zyl., 4-Takt, flüssiggekühlt, 8 V
Hubraum:	499 ccm
Bohrung x Hub (mm):	73 x 79,6
Max. Leistung (PS/min):	58/9500
Max. Drehmoment (Nm/min):	47/8000
Gemischaufbereitung:	Vergaser
Kraftübertragung:	6-Gang, Kette
Starter:	Elektro
Fahrwerk:	Doppelschleife, Telegabel, Federbeine
Reifen (v/h):	100/80-17/130/80-17
Federweg (v/h):	130/117 mm
Bremsen (v/h):	S Ø 296 mm/T Ø 160 mm
Gewicht:	170 kg
Radstand (mm):	1430
Vmax (km/h):	176
Anmerkung:	Auch mit 27/34 PS lieferbar sowie mit Halbschale (CB 500 S).

CBF 500
(seit 2004)

Die neue Einsteiger-Honda gab es auch als CBF 500 mit dem bewährten Twin der braven CB 500. Der Rest war praktisch baugleich mit der größeren CBF 600, also auch im Fahrwerk mit dem aus der Hornet stammenden Zentralrohrrahmen. Vorne komplettierte eine 41er Telegabel, hinten eine Kastenschwinge mit Zentralfederbein das Chassis. Die 17-Zoll-Doppelspeichenräder waren neu, ebenso die Bremsanlage mit vorderen Doppelkolbenbremszangen und hinterem Einkolbensattel. Die kleine CBF hatte aber keinen verstellbaren Fahrersitz und war ausschließlich ohne Verkleidung lieferbar. Für beide Hubraum-Varianten aber gab es ein aus dem Silver-Wing-Roller übernommenes ABS, das inklusive Hauptständer 600 Euro kostete.

Modell:	CBF 500
Bauzeit:	2004–
Motor:	2-Zyl., 4-Takt, dohc, 8 V, flüssiggekühlt
Hubraum:	499
Bohrung x Hub (mm):	73 x 59,6
Max. Leistung (PS/min):	58/9500
Max. Drehmoment (Nm/min):	47/8000
Gemischaufbereitung:	Vergaser, U-Kat
Kraftübertragung:	6-Gang, Kette
Starter:	Elektro
Fahrwerk:	Zentralrohr, Telegabel, Zentralfederbein
Reifen (v/h):	120/70-17/160/60-17
Federweg (v/h):	120/125 mm
Bremsen (v/h):	S Ø 296/S Ø 240 mm
Gewicht:	k. A.
Radstand (mm):	1481
Vmax (km/h):	k. A.

CB 550 F/K
(1975–1978)

Modell:	CB 550 F1
Bauzeit:	1975–1978
Motor:	4-Zyl., 4-Takt, ohc
Hubraum:	548 ccm
Bohrung x Hub (mm):	58,5 x 50,6
Max. Leistung (PS/min):	50/8500
Max. Drehmoment (Nm/min):	41,2/7500
Gemischaufbereitung:	Vergaser
Kraftübertragung:	5-Gang, Kette
Starter:	Kick/Elektro
Fahrwerk:	Doppelschleife, Telegabel, Federbeine
Reifen (v/h):	3,25-19/3,50-18
Federweg (v/h):	120/75 mm
Bremsen (v/h):	2 x S Ø 280/T Ø 180 mm
Gewicht:	206 kg
Radstand (mm):	1440
Vmax (km/h):	170

1975 als sportliche Alternative zur weiterhin angebotenen 500 Four vermarktet, war die neue 550er nur unwesentlich stärker als die alte Vierzylinder-Maschine. In Optik und Auspuff-Führung erinnerte die 550 F an die 400 F, Tank und Instrumente stammten von der alten 750 F. Die neue 550er konnte alles noch ein wenig besser als die Halbliter-Maschine. So hatte man hier deren Schwachstellen ausgemerzt und beispielsweise den Schaltmechanismus geändert. Die Four mutierte 1977 dann zur F2. Diese unterschied sich durch ein neues Tankdekor, dunkelblaue Instrumentenskalen anstelle der hellgrünen sowie den Verzicht auf die Faltenbälge an der Gabel vom Vormodell. Nachdem Honda die 500 F aus dem Programm genommen hatte, rückte an ihre Stelle für 1977 die 550 K3. Technisch identisch mit der F, unterschied sie sich in erster Linie optisch durch die klassische 4-in-4-Auspuffanlage vom Sportmodell. Zur IFMA 1978 wurde mit der CB 650 F die Nachfolgerin vorgestellt, die allerdings nicht überzeugen konnte.

CBX 550 F/F2
(1982–1985)

Kennzeichen der dritten Generation von Reihen-Vierzylindern war der Vierventil-Zylinderkopf. Geringer Verbrauch, weniger Abgase und in unteren Regionen mehr Dampf gehörten zu den Vorzügen der neuen Triebwerksgeneration. Die Ventilbetätigung übernahmen gegabelte Schlepphebel, justierbar über Einstellschrauben. Der Antrieb der beiden obenliegenden Nockenwellen erfolgte über die Steuerkette, die Kurbelwelle war fünffach gleitgelagert. In der 60-PS-Ausführung lagen knapp 190 km/h an. Die CBX F2 gab es auch mit einer rahmenfesten, sechs Kilogramm schweren Halbschale, die das Fahrzeuggewicht auf 215 kg anhob. Das Handling war nicht ganz so überzeugend wie bei der unverkleideten Variante.

Modell:	CBX 550 F
Bauzeit:	1982–1985
Motor:	4-Zyl., 4-Takt, 16 V
Hubraum:	572 ccm
Bohrung x Hub (mm):	59,2 x 52
Max. Leistung (PS/min):	60/10.000
Max. Drehmoment (Nm/min):	48/8000
Gemischaufbereitung:	Vergaser
Kraftübertragung:	6-Gang, Kette
Starter:	Elektro
Fahrwerk:	Doppelschleife, Telegabel, Zentralfederbein
Reifen (v/h):	3,60-18/4,10-18
Federweg (v/h):	140/100 mm
Bremsen (v/h):	2 S Ø 226/S Ø 226 mm
Gewicht:	209 kg
Radstand (mm):	1880
Vmax (km/h):	190
Anmerkung:	Als CBX 550 F2 auch mit Halbschale lieferbar. In beiden Fällen: Gekapselte Scheibenbremse.

CB 600 F/S Hornet
(1998-2002)

Die Bandit-Konkurrentin erschien 1998 und entstand bei Montesa in Spanien. Neu war vor allem der Zentralrohrrahmen, den die Honda-Techniker mit Komponenten aus dem Teilefundus komplettierten. So stammte der Motor – wegen des Sekundärluftsystems hier 94 PS stark – aus der CBR 600, die Räder erbte die Hornet von der CBR 900 Fireblade. Aus dem CBR-Regal stammte auch die Bremsanlage, die dazu passenden Bremsbeläge waren anscheined gerade nicht verfügbar: Die Zweischeiben-Anlage mit Doppelkolben-Schwimmsätteln und 296er Scheiben, in der CBR seit Jahren für Begeisterungsstürme gut, enttäuschte wegen hoher Handkräfte und schlechter Dosierbarkeit. Zum Modelljahr 2000 wurde die jetzt auch mit Halbschale lieferbare Hornet einer intensiven Modellpflege unterzogen.

Modell:	CB 600 F Hornet
Bauzeit:	1998–2002
Motor:	4-Zyl., 4-Takt, dohc, flüssiggekühlt, 16 V
Hubraum:	599 ccm
Bohrung x Hub (mm):	45,2 x 65
Max. Leistung (PS/min):	94/12.000
Max. Drehmoment (Nm/min):	62/9500
Gemischaufbereitung:	Vergaser
Kraftübertragung:	6-Gang, Kette
Starter:	Elektro
Fahrwerk:	Brückenrahmen, Telegabel, Zentralfederbein
Reifen (v/h):	130/70-16/180/55-17
Federweg (v/h):	125/159 mm
Bremsen (v/h):	2 x S Ø 296/S Ø 220 mm
Gewicht:	216 kg
Radstand (mm):	1420
Vmax (km/h):	215
Anmerkung:	Als S-Version mit Halbschale lieferbar. Ab 2000: Neue Reifendimensionen.

Hornet 600
(seit 2003)

Ende 2003 unterzog Honda die Hornet einer erneuten Revision, ohne an der charakteristischen Optik viel zu ändern: Noch immer war Europas meistverkauftes Motorrad unverwechselbar, der geänderte Benzintank mit 17 l Inhalt, die neuen Instrumente, die LED-Heckleuchten oder der neue Scheinwerfer mit den beiden H11-Birnen fielen erst auf den zweiten Blick auf. Die technischen Änderungen beschränkten sich auf Modifikationen an Zündung, Luftfilter und Nockenwellen, was die Gaswechsel im unteren und mittleren Drehzahlbereich beschleunigen sollte. Ein ungeregelter Katalysator war serienmäßig und die Federelemente hatten die Techniker ebenfalls neu abgestimmt: Der quirlige Vierzylinder mit seinem Top-Fahrwerk war mit 7190 Euro kein ganz billiges, aber nahezu perfektes Mittelklasse-Motorrad geworden.

Modell:	CB 600 F Hornet
Bauzeit:	2003–
Motor:	4-Zyl., 4-Takt, dohc, 16 V, flüssiggekühlt
Hubraum:	599
Bohrung x Hub (mm):	65 x 45,2
Max. Leistung (PS/min):	97/12.000
Max. Drehmoment (Nm/min):	63/9500
Gemischaufbereitung:	Vergaser
Kraftübertragung:	6-Gang, Kette
Starter:	Elektro
Fahrwerk:	Zentralrohr, Telegabel, Zentralfederbein
Reifen (v/h):	120/70-17/180/55-17
Federweg (v/h):	120/128 mm
Bremsen (v/h):	2 x S Ø 296/S Ø 220
Gewicht:	200 kg
Radstand (mm):	1420
Vmax (km/h):	220

CBF 600/S
(seit 2004)

Vom Publikum eher unbeachtet ging die Premiere der neuen CBF 600 vonstatten. Im Trubel der über 60 Auto-Weltpremieren auf der IAA im September 2003 nahmen nicht all zu viele Besucher Notiz von Hondas neuer Mittelklasse. Eigentlich schade, denn mit dieser Maschine stellte Honda ein Konzept vor, das sich ganz bewusst an Ein- und Wiedereinsteiger richtete. »Just Fit, passt einfach«, tauften die Honda-Mannen dieses Konzept, das Fahrer zwischen 1,60 m und 1,90 m gleichermaßen überzeugen sollte. Als Begründung dafür nannte Honda den schlanken Sitzbereich, den dreistufig verstellbaren Fahrersitz, den verstellbaren Lenker – wie bei der CB 1300 konnten die Aluhalter des Stahlrohrlenkers gedreht werden, wodurch sie um 10 mm nach vorn rückten – sowie die zweifach verstellbare Windschutzscheibe in der halbverkleideten Variante. Die Basis-Maschine mit modifiziertem Hornet-Motor kam auf 6190 Euro.

Modell:	CBF 600
Bauzeit:	2004–
Motor:	4-Zyl., 4-Takt, dohc, 16 V, flüssiggekühlt
Hubraum:	599 ccm
Bohrung x Hub (mm):	65 x 45,2
Max. Leistung (PS/min):	78/10.500
Max. Drehmoment (Nm/min):	58/8000
Gemischaufbereitung:	Vergaser, U-Kat
Kraftübertragung:	6-Gang, Kette
Starter:	Elektro
Fahrwerk:	Zentralrohr, Telegabel, Zentralfederbein
Reifen (v/h):	120/70-17/160/60-17
Federweg (v/h):	120/128 mm
Bremsen (v/h):	2 x S Ø 296/S Ø 240
Gewicht:	194 kg trocken
Radstand (mm):	1483
Vmax (km/h):	k. A.
Anmerkung:	Auch mit Halbschale lieferbar, Gewicht dann 198 kg. ABS optional.

CB 650 F
(1979 – 1983)

Die CB 650 erschien zur IFMA 1978 und basierte auf der CB 550 F2 und deren betagtem OHC-Vierzylinder. In der Originalversion 63 PS stark, war sie für Deutschland auch mit 50 PS erhältlich, ohne dass das an der grundsätzlichen Misere etwas geändert hätte. In Ausstattung, Fahrwerk und Optik erinnerte die CB 650 nämlich an die brandneue CB 750 KZ, enttäuschte aber in den Fahrleistungen. Eine Spitze von rund 170 km/h war für eine 650er zu wenig. Andererseits: Die volle PS-Leistung gab es sowie meist nur im Prospekt – was wohl ganz gut war, da das Fahrwerk mit Kunststoff-Schwingenlager hinten und Einfach-Kugellager am Lenkkopf nicht überzeugte. Dazu gesellte sich eine missglückte Vergaserabstimmung. Zumindest das änderte sich mit den neuen Gleichdruckvergasern, die ab August 1981 zum Einsatz kamen.

Modell:	CB 650
Bauzeit:	1979–1983
Motor:	4-Zyl., 4-Takt, ohc
Hubraum:	627 ccm
Bohrung x Hub (mm):	59,8 x 55,8
Max. Leistung (PS/min):	63/9000
Max. Drehmoment (Nm/min):	53/8000
Gemischaufbereitung:	Vergaser
Kraftübertragung:	5-Gang, Kette
Starter:	Kick/Elektro
Fahrwerk:	Doppelschleife, Telegabel, Federbeine
Reifen (v/h):	3,25-19/3,75-18
Federweg (v/h):	142/77 mm
Bremsen (v/h):	2 x S Ø 240/T Ø 180 mm
Gewicht:	220 kg
Radstand (mm):	1430
Vmax (km/h):	172

CBX 650 E
(1983 – 1987)

Sie kam Anfang 1983 und setzte, wieder einmal, Maßstäbe: die Honda CBX 650 E. Die neue Four in einer an die FT 500 erinnernden US-Optik begeisterte durch ihre weitgehend wartungsfreie Motortechnik. Den kompakten Reihen-Vierzylinder hatte Honda von der CBX 550 abgeleitet, er verfügte über einen hydraulischen Ventilspielausgleich. Die Kraftübertragung erfolgte per Kardan-Welle. Das CBX-Chassis bestand aus einem Doppelschleifenrahmen mit konventioneller Schwinge; vorn kam eine luftunterstützte Teleskopgabel – mit Anti Dive – zum Einsatz. Die Motorleistung lag bei 75 PS, für Deutschland gab es auch eine 50-PS-Variante. Eine sportliche Fahrweise war allerdings nicht die Domäne der Honda, gemütliches Touren lag ihr eher.

Modell:	CBX 650 E
Bauzeit:	1983–1987
Motor:	4-Zyl., 4-Takt, dohc, 16 V
Hubraum:	656 ccm
Bohrung x Hub (mm):	60 x 58
Max. Leistung (PS/min):	50/8000
Max. Drehmoment (Nm/min):	49/7000
Gemischaufbereitung:	Vergaser
Kraftübertragung:	6-Gang, Kardan
Starter:	Elektro
Fahrwerk:	Doppelschleife, Telegabel mit Anti Dive, Federbeine
Reifen (v/h):	110/90-19/130/90-16
Federweg (v/h):	140/100 mm
Bremsen (v/h):	2 x S Ø 226/S Ø 226 mm
Gewicht:	220 kg
Radstand (mm):	1380
Vmax (km/h):	170

CB 750
(1969-1978)

Im Oktober 1968 begann die Neuzeit, zumindest soweit es die Motorradgeschichte betrifft: Die CB 750 setzte völlig neue Maßstäbe. Die erreichbaren Fahrleistungen, zusammen mit der guten Ausstattung wie Blinker und Elektrostarter, sorgte für Euphorie beim Publikum wie auch bei der Presse. Von den möglichen 200 km/h völlig überfordert zeigte sich dagegen das Fahrwerk. Die 750er in ihrer ersten Form, später als K0 bezeichnet, wurde 1971 durch die K1 mit desmodromischer Vergaserbetätigung ersetzt. Gleichzeitig verschwanden die klobigen Seitendeckel, sie wurden durch etwas zierlichere Exemplare ersetzt, die nahezu unverändert bis zur letzten CB 750 K von 1977 noch zu sehen waren. Der K1 folgten die Modelle von K2 (1972) bis zur K7, die Änderungen waren optisch nur gering (Ausnahme: die K7) und technisch fast zu vernachlässigen.

Modell:	CB 750 Four
Bauzeit:	1969–1978
Motor:	4-Zyl., 4-Takt, ohc
Hubraum:	736 ccm
Bohrung x Hub (mm):	61 x 63
Max. Leistung (PS/min):	67/8000
Max. Drehmoment (Nm/min):	61/7000
Gemischaufbereitung:	Vergaser
Kraftübertragung:	5-Gang, Kette
Starter:	Kick/Elektro
Fahrwerk:	Doppelschleife, Telegabel, Federbeine
Reifen (v/h):	3,25-19/4,00-18
Federweg (v/h):	143/85 mm
Bremsen (v/h):	S Ø 260/T Ø 180 mm
Gewicht:	235 kg
Radstand (mm):	1455
Vmax (km/h):	190
Anmerkung:	Daten beziehen sich auf K1, 1971.

CB 750 F1/F2
(1975 – 1978)

Die CB 750 F1 steht für den Versuch, mit einer sportlichen 750er der Konkurrenz Paroli zu bieten. Der Motor wies einige Merkmale der von Honda bei der Langstrecken-EM eingesetzten Maschine auf, so etwa den Steuerkettenspanner. Die Vorderradbremse entsprach nahezu der bei den K-Modellen verwendeten Einkolben-Ausführung, war aber leicht modifiziert worden. Die Teleskopgabel verzichtete auf Gleitbuchsen, einige Schweißpunkte am Rahmen waren geändert worden und die (neue) Scheibenbremse hinten verlangte eine Gussplatte für den Bremszylinder. Optisch bestimmten die 4-in-1-Auspuffanlage, der lang gezogene 17-Liter-Tank und der Sitzbank-Bürzel das Bild der F1. Im Juni 1977 erschien dann die CB 750 F2 mit 73 PS. Von außen war sie an den Com-Star-Rädern mit doppelten Scheibenbremsen vorn und dem schwarzen Motor zu erkennen.

Modell:	CB 750 Four
Bauzeit:	1977–1978
Motor:	4-Zyl., 4-Takt, ohc
Hubraum:	736 ccm
Bohrung x Hub (mm):	61 x 63
Max. Leistung (PS/min):	73/9000
Max. Drehmoment (Nm/min):	62,8/7500
Gemischaufbereitung:	Vergaser
Kraftübertragung:	5-Gang, Kette
Starter:	Kick/Elektro
Fahrwerk:	Doppelschleife, Telegabel, 2 Federbeine
Reifen (v/h):	3,25-19/4,00-18
Federweg (v/h):	140/85 mm
Bremsen (v/h):	2 x S Ø 280/S Ø 280 mm
Gewicht:	253 kg
Radstand (mm):	1499
Vmax (km/h):	178
Anmerkung:	Daten gelten für CB 750 F2, 1977.

CB 750 KZ
(1978 – 1984)

Die Nachfolgerin der legendären OHC-750er (die über eine Million Mal verkauft worden war) erschien zur IFMA 1978 und verfügte über einen neuen DOHC-Motor, der baugleich war mit dem der zeitgleich präsentierten CB 900, allerdings ohne Ölkühler. Die maximale Leistung von 77 PS erreichte der 16-Ventiler bei 9000/min. Maßstäbe setzte der Honda-Vierer in Sachen Laufruhe und Kraftentfaltung, auch das Fahrwerk überzeugte eher als bei der 900er. Allerdings war die neue KZ mit 256 kg recht schwer geraten, markierte aber dennoch einen riesigen Fortschritt in Sachen Handling gegenüber dem Vormodell: »Die Honda CB 750 K ist trotz ihrer aufwendigen Technik zuverlässig und preiswürdig«, bilanzierte ein Langstreckentest, der zugleich auch die Ersatzteilversorgung bemängelte.

Modell:	CB 750 Four KZ
Bauzeit:	1978–1984
Motor:	4-Zyl., 4-Takt, dohc, 16 V
Hubraum:	749 ccm
Bohrung x Hub (mm):	62 x 62
Max. Leistung (PS/min):	77/9000
Max. Drehmoment (Nm/min):	65,6/7000
Gemischaufbereitung:	Vergaser
Kraftübertragung:	5-Gang, Kette
Starter:	Elektro
Fahrwerk:	Doppelschleife, Telegabel, Federbeine
Reifen (v/h):	3,25-19/4,00-18
Federweg (v/h):	160/95 mm
Bremsen (v/h):	2 x S Ø 275/S Ø 296 mm
Gewicht:	256 kg
Radstand (mm):	1520
Vmax (km/h):	190

CB 750 F/F2
(1980–1984)

Erst 1980 erschien die 750er auch in der sportlichen Optik der CB 900. Auf den ersten Blick waren die beiden nicht voneinander zu unterscheiden, allerdings stammten Gabel, Lenker und Armaturen vom K-Modell. Wer eine Bol d'Or fahren wollte, so die einhellige Meinung der Tester, entschied sich am besten für die kleinere: Sie war war günstiger als die 900 F und ausgewogener. Die 750er war ab 1981 als F2 lieferbar. Die Verkleidung entsprach der der CB 1100 R, ergänzt um seitlich angesetzte Knieschützer. Die wichtigsten Stationen der Modellpflege: 1980: Schwinge in Nadellagern, ComStar-Räder der zweiten Generation (Erkennungszeichen: schwarz). 1981: Änderungen an Bremsanlage, Benzinhahn mit Absperrventil. 1983: vergrößerte Bremsscheiben und eine breitere Hinterradfelge.

Modell:	CB 750 F 2
Bauzeit:	1980–1984
Motor:	4-Zyl., 4-Takt, dohc, 16 V
Hubraum:	743 ccm
Bohrung x Hub (mm):	62 x 62
Max. Leistung (PS/min):	78,3/9000
Max. Drehmoment (Nm/min):	64/8000
Gemischaufbereitung:	Vergaser
Kraftübertragung:	5-Gang, Kette
Starter:	Elektro
Fahrwerk:	Doppelschleife, Telegabel, Federbeine
Reifen (v/h):	3,25-19/4,00-18
Federweg (v/h):	160/95 mm
Bremsen (v/h):	2 x S Ø 275/S Ø 296 mm
Gewicht:	253 kg
Radstand (mm):	1515
Vmax (km/h):	190

CBX 750 E
(1984–1986)

Die dritte Auflage der Vierzylinder-Legende CB 750 bildete eine überzeugende Alternative zu den neuen V-Motoren. Mehr noch: Die CBX 750 F mit dem neuen Vierventil-Motor galt rasch als die bis dahin beste Honda überhaupt. Die zierliche 750er in VF-Optik basierte auf der im Vorjahr eingeführten CBX 650 E. Für Europa auf mehr Hubraum ausgelegt, leistete der Reihenvierzylinder satte 91 PS bei 9500/min. Zum Temperament gesellte sich Handlichkeit, das Doppelschleifen-Fahrgestell mit 16-Zoll-Vorderrad und Pro-Link-Aufhängung des hinteren 18-Zöllers setzte bis zum Erscheinen der VFR 750 Maßstäbe in seiner Klasse. Die sportlichen Qualitäten des temperamentvollen Reihenvierzylinders unterstrich die Tatsache, dass HRC einen Kit für den Superbike-Rennsport anbot.

Modell:	CBX 750 E
Bauzeit:	1984–1986
Motor:	4-Zyl., 4-Takt, dohc, 16 V
Hubraum:	747 ccm
Bohrung x Hub (mm):	67 x 53
Max. Leistung (PS/min):	91/9500
Max. Drehmoment (Nm/min):	70/8500
Gemischaufbereitung:	Vergaser
Kraftübertragung:	6-Gang, Kette
Starter:	Elektro
Fahrwerk:	Doppelschleife, Telegabel, Zentralfederbein
Reifen (v/h):	110/90-16/130/80-18
Federweg (v/h):	150/115 mm
Bremsen (v/h):	2 x S Ø 280/S Ø 280 mm
Gewicht:	241 kg
Radstand (mm):	1465
Vmax (km/h):	211

CB 750 Seven Fifty (ab 1993)

Modell:	CB Seven Fifty
Bauzeit:	1993–
Motor:	4-Zyl., 4-Takt, dohc, 16 V
Hubraum:	747 ccm
Bohrung x Hub (mm):	67 x 53
Max. Leistung (PS/min):	74/8500
Max. Drehmoment (Nm/min):	63/7500
Gemischaufbereitung:	Vergaser
Kraftübertragung:	5-Gang, Kette
Starter:	Elektro
Fahrwerk:	Doppelschleife, Telegabel, Federbeine
Reifen (v/h):	3,50-17/4,00-17
Federweg (v/h):	130/110 mm
Bremsen (v/h):	2 x S Ø 296/S Ø 240 mm
Gewicht:	235 kg
Radstand (mm):	1495
Vmax (km/h):	190

Mit der CB Seven Fifty präsentierte Honda 1993 ein Naked Bike in der 750er Klasse, das vor allem den Wünschen amerikanischer Motorradfahrer entsprach. Herzstück des Neo-Klassikers bildete der Reihenvierer aus der CBX 750 F von 1984. In der Seven Fifty leistete er 74 PS bei 8500 Umdrehungen, daneben standen 27-, 34- oder 50-PS-Varianten zur Wahl. Beim Rahmen handelte es sich um eine Neukonstruktion, die Vorderradgabel stammte aus der CBR 600. Hinten arbeitete eine Stahlkasten-Schwinge mit zwei Federbeinen. Gute Bremsen, übersichtliche Instrumente und ein 20-l-Tank komplettierten Hondas neuer 750er. Schwarze Motorteile und Felgen unterschieden die ab 1996 gebauten Modelle von ihren Vorgängern.

CB 900 F/F2
(1978 – 1984)

Für 1980 erhielt die Bol d'Or Kegelrollenlager im Steuerkopf und Nadellager für die Schwinge; die Comstar-Räder wurden überarbeitet. Im nächsten Jahr folgten eine neue Gabel mit Luftdruckausgleich, 37er-Standrohren und stärkeren Gabelbrücken, dazu spendierte Honda neue Doppelkolben-Bremssättel. Beim Bol d'Or-Jahrgang 1982 kam eine Gabel mit 39er-Standrohren zum Einsatz, außerdem wurden die Felgen noch einmal verändert. Nun wurden breite Niederquerschnittsreifen, vorn 100/90 V 18 und hinten 130/90 V 18 aufgezogen. Darüber hinaus empfahl sich die Umrüstung auf Koni-Dämpfer. Zum Modelljahr 1981 erschien mit der F2 eine zweite Bol d'Or-Variante. Bis auf die 11 kg schwere Plastikschale (und die exklusive Zweifarben-Lackierung) waren beide Modelle baugleich.

Modell:	CB 900 F
Bauzeit:	1978–1984
Motor:	4-Zyl., 4-Takt, dohc, 16 V
Hubraum:	845 ccm
Bohrung x Hub (mm):	64,5 x 69,0
Max. Leistung (PS/min):	95/9000
Max. Drehmoment (Nm/min):	77/8000
Gemischaufbereitung:	Vergaser
Kraftübertragung:	5-Gang, Kette
Starter:	Elektro
Fahrwerk:	Doppelschleife, Telegabel, Federbeine
Reifen (v/h):	3,25-19/4,00-18
Federweg (v/h):	160/95 mm
Bremsen (v/h):	2 x S Ø 275/S Ø 296 mm
Gewicht:	260 kg
Radstand (mm):	1515
Vmax (km/h):	200

CB 1100 F
(1982–1984)

Zeit ihres Lebens war die CB 900 »Bol d'Or« ein Pflegefall – was nicht etwa den motorischen Qualitäten des Vierzylinder-Bigbikes anzulasten war, sondern dem Fahrwerk: Einmal mehr war der Motor schneller als das Chassis; Hondas neues Flaggschiff bot Kraft in allen Lebenslagen. Thermischen Problemen beugte ein Ölkühler vor. Weniger gelungen war der Doppelschleifen-Rohrrahmen mit abschraubbarem rechten Unterzug; keine Honda wurde wegen ihrer Fahrwerksschwäche so heftig kritisiert wie die knapp 220 km/h schnelle Maschine. Die Kombination aus dem 1982er »Bol d'or«-Rahmen und dem Motor der CB 1100 R nannte sich dann CB 1100 F und erschien zur IFMA 1982. Bei ihr waren Fahrwerksschwächen nie ein Thema.

Modell:	CB 1100 F
Bauzeit:	1982–1984
Motor:	4-Zyl., 4-Takt, dohc, 16 V
Hubraum:	1062 ccm
Bohrung x Hub (mm):	70 x 69
Max. Leistung (PS/min):	100/9000
Max. Drehmoment (Nm/min):	81/7500
Gemischaufbereitung:	Vergaser
Kraftübertragung:	5-Gang, Kette
Starter:	Elektro
Fahrwerk:	Doppelschleife, Telegabel, Federbeine
Reifen (v/h):	100/90-18/140/90-16
Federweg (v/h):	160/95 mm
Bremsen (v/h):	2 x S Ø 265/S Ø 265 mm
Gewicht:	268 kg
Radstand (mm):	1490
Vmax (km/h):	216

Hornet 900
(seit 2002)

Für das Modelljahr 2002 erweiterte Honda die Hornet-Baureihe nach oben: Die 900er Hornisse kombinierte das verstärkte 600er Chassis von 1998 mit dem modifizierten Fireblade-Motor des selben Jahrgangs und der Bremsanlage der 96er Doppel-R. In der Verdichtung zurückgenommen und mit Einspritzanlage statt der bekannten Flachschieber ausgerüstet, brachte es die Hornet auf ein Trockengewicht von 194 kg. Das Resultat war ein auf der ganzen Linie überzeugendes Naked-Bike mit druckvollem Antrieb, geringer Sitzhöhe und den Handlingqualitäten eines Fahrrades. Wenn es etwas zu kritisieren gab, dann vielleicht die 43er Telegabel, die trotz Verstellmöglichkeit in Federbasis, Zug- und Druckstufendämpfung etwas zu weich abgestimmt war. Dafür aber stimmten Verarbeitung, Ausstattung (Wegfahrsperre, Kat) und der Preis von 8790 Euro, Fahrspaß ohne Ende inklusive.

Modell:	CB 900 Hornet
Bauzeit:	2002–
Motor:	4-Zyl., 4-Takt, dohc, 16 V, flüssiggekühlt
Hubraum:	919 ccm
Bohrung x Hub (mm):	71 x 58
Max. Leistung (PS/min):	110/9000
Max. Drehmoment (Nm/min):	91/6500
Gemischaufbereitung:	Einspritzung, U-Kat
Kraftübertragung:	6-Gang, Kette
Starter:	Elektro
Fahrwerk:	Zentralrohr, Telegabel, Zentralfederbein
Reifen (v/h):	120/70-17/180/55-17
Federweg (v/h):	120/128 mm
Bremsen (v/h):	2 x S Ø 296/S Ø 240
Gewicht:	220 kg
Radstand (mm):	1460
Vmax (km/h):	230

CB 1000
Big One
(1992–1996)

Das Herzstück des im Spätjahr 1991 gezeigten Muscle-Bikes bildete der Reihenvierzylinder der CBR 1000 F, der über andere Nockenwellen und neu abgestimmte Vergaser stramm in Richtung auf mehr Durchzug getrimmt worden war. Bei dem Stahlrohr-Doppelschleifenrahmen handelte es sich um eine Neukonstruktion, während bei der Vorderradgabel mit 43er Standrohren die RC30-Gabel Pate gestanden hatte. An der Hinterhand vertraute Honda einer Alu-Kastenschwinge und zwei Showa-Federbeinen. Verzögert wurden die beiden gelochten 310-mm-Bremsscheiben im Vorderrad von Nissin-Festsattelzangen mit vier Kolben, hinten erledigte eine 276 mm Scheibe mit Einkolbenzange die Bremsarbeit.

Modell:	CB 1000
Bauzeit:	1993–1996
Motor:	4-Zyl., 4-Takt, dohc, flüssiggekühlt, 16 V
Hubraum:	998 ccm
Bohrung x Hub (mm):	77 x 53,6
Max. Leistung (PS/min):	98/8500
Max. Drehmoment (Nm/min):	87/6000
Gemischaufbereitung:	Vergaser
Kraftübertragung:	5-Gang, Kette
Starter:	Elektro
Fahrwerk:	Doppelschleife, Telegabel, Federbeine
Reifen (v/h):	120/70-18/170/60-18
Federweg (v/h):	130/110 mm
Bremsen (v/h):	2 x Ø 310/S Ø 276 mm
Gewicht:	258 kg
Radstand (mm):	1540
Vmax (km/h):	217

CB 1100 R
(1980–1984)

Die CB 1100 R galt als das beste Straßen-Motorrad ihrer Zeit. Der luftgekühlte Reihen-Vierzylinder leistete offen 115 PS. Beim Fahrwerk vertrauten die Honda-Konstrukteure auf ein Doppelscheifen-Chassis, das nach Meinung der Tester das beste Fahrwerk war, das bislang auf V-Reifen gestellt worden war. Feinarbeit führte 1982 zu mehr Dampf im mittleren Drehzahlbereich; aus der Halbschale mit Rundscheinwerfer wurde eine Vollverkleidung mit rechteckigem Lichtaustritt. Modifiziert präsentierte sich das Fahrwerk. Ein verkürzter Nachlauf, ein kleineres 18-Zoll-Vorderrad auf neuen ComStar-Rädern, eine breitere Hinterradfelge samt Schwinge gehörten ebenso dazu wie die Telegabel mit 39er Standrohren (vorher: 37 mm) mit Anti-Dive-System.

Modell:	CB 1100 R
Bauzeit:	1980–1982
Motor:	4-Zyl., 4-Takt, dohc, 16 V
Hubraum:	1062 ccm
Bohrung x Hub (mm):	70 x 69
Max. Leistung (PS/min):	100/9000
Max. Drehmoment (Nm/min):	81/7500
Gemischaufbereitung:	Vergaser
Kraftübertragung:	5-Gang, Kette
Starter:	Elektro
Fahrwerk:	Doppelschleife, Telegabel, Federbeine
Reifen (v/h):	3,50-19/130/90-18
Federweg (v/h):	140/95 mm
Bremsen (v/h):	2 x S Ø 265/S Ø 265 mm
Gewicht:	264 kg
Radstand (mm):	1490
Vmax (km/h):	216
Anmerkung:	Daten beziehen sich auf Modell 1980

CBX 1000
(1978–1981)

An die Grenzen des in der Großserie Machbaren tastete sich Honda mit der Sechszylinder-CBX heran, die 1978 ausgeliefert wurde. Ihre 105 PS markierten einen neuen Spitzenwert; rekordverdächtig war aber auch das Gewicht des neuen Boliden, der rund 280 kg wog und auf Com-Star-Rädern, also Alufelgen mit Pressblech-Speichen, rollte. Das Chassis, eine unten offene Doppelrohrrahmen-Konstruktion, bei der der Motor mittrug, war der Urgewalt des 220 km/h schnellen Sechszylinders allerdings nicht gewachsen. Auch die Modellpflege 1980 änderte daran wenig (schwarze ComStars). Für die Saison 1979 wurde die Leistung um fünf auf 100 PS zurückgenommen, was nicht nur Kritiker zum Schweigen bringen, sondern auch den hohen Spritverbrauch drosseln sollte.

Modell:	CBX 1000
Bauzeit:	1978–1981
Motor:	6-Zyl., 4-Takt, dohc, 24 V
Hubraum:	1047 ccm
Bohrung x Hub (mm):	64,5 x 53,4
Max. Leistung (PS/min):	105/9000
Max. Drehmoment (Nm/min):	84,4/8000
Gemischaufbereitung:	
Kraftübertragung:	5-Gang, Kette
Starter:	Elektro
Fahrwerk:	Doppelrohr, Telegabel, Federbeine
Reifen (v/h):	3,50-19/4,25-18
Federweg (v/h):	160/100 mm
Bremsen (v/h):	2 x S Ø 280/S Ø 300 mm
Gewicht:	274 kg
Radstand (mm):	1545
Vmax (km/h):	220

CBX Pro-Link
(1981–1983)

Im Dezember 1980 stellte Honda die CBX Pro-Link vor, eine CBX mit Vollverkleidung und neue Hinterradführung: »Pro-Link« stand für eine Aluschwinge mit Zentralfederbein mit justierbarer Zugstufendämpfung. Auch die luftunterstützte Gabel wurde überarbeitet; ebenso die Doppelkolben-Bremsanlage vorn mit innenbelüfteten Bremsscheiben. Dazu kamen Änderungen, die dem Reihen-Sechszylinder einen besseren Drehmomentverlauf bescherten. Weitere Kleinigkeiten, wie breitere Ventilsitze und ein neuer Ruckdämpfer am Kupplungskorb verfeinerten den Motor, allerdings nicht dessen Leistung: Die neue CBX war langsamer, schwerer, durstiger, teurer und vor allem erfolgloser als die nackte CBX, nur etwa 400 Stück kamen hierzulande in Umlauf.

Modell:	CBX 1000
Bauzeit:	1981–1983
Motor:	6-Zyl., 4-Takt, dohc, 24 V
Hubraum:	1047 ccm
Bohrung x Hub (mm):	64,5 x 53,4
Max. Leistung (PS/min):	100/9000
Max. Drehmoment (Nm/min):	84,4/8000
Gemischaufbereitung:	Vergaser
Kraftübertragung:	5-Gang, Kette
Starter:	Elektro
Fahrwerk:	Doppelrohr, Telegabel, Zentralfederbein
Reifen (v/h):	3,50-19/130/90-18
Federweg (v/h):	175/105 mm
Bremsen (v/h):	2 x S Ø 280/S Ø 300 mm
Gewicht:	300 kg
Radstand (mm):	1545
Vmax (km/h):	208

X-Eleven
(seit 1999)

X11-Eleven, das stärkste Naked Bike der Welt – so warb Honda für sein neues Bigbike mit dem charakteristischen Brückenrahmen. Der Streetfighter-Verschnitt basierte auf der Super Blackbird und bediente sich auch deren bärigen 1137er Motors samt geregeltem Katalysator. Die Feinarbeit am Vierzylinder führte zum Verlust einer Ausgleichswelle und einer modifizierten Einspritzanlage: 136 gut im Futter stehende PS blieben übrig, Kraft war in allen Lebenslagen übergenug vorhanden: Zahlreiche Vergleichstests beendete die X11 als Sieger: In Motor, Bremsen und Handling konnte ihr die Konkurrenz nicht das Wasser reichen. Der 22 Liter Tank machte Touren von über 300 km ohne Tankstopp möglich. Das Dickschiff kam auf ein Trockengewicht von 222 kg; die Sitzhöhe betrug 795 mm.

Modell:	CB X-Eleven
Bauzeit:	1999–
Motor:	4-Zyl., 4-Takt, dohc, flüssiggekühlt, 16 V
Hubraum:	1137 ccm
Bohrung x Hub (mm):	79 x 58
Max. Leistung (PS/min):	136/9000
Max. Drehmoment (Nm/min):	113/7000
Gemischaufbereitung:	Einspritzung, G-Kat
Kraftübertragung:	5-Gang, Kette
Starter:	Elektro
Fahrwerk:	Brückenrahmen, Telegabel, Zentralfederbein
Reifen (v/h):	120/70-17/180/55-17
Federweg (v/h):	120/120 mm
Bremsen (v/h):	2 x S Ø 310 mm/ S Ø 256 mm; Dual-CBS
Gewicht:	245 kg
Radstand (mm):	1500
Vmax (km/h):	235

CB 1300
(seit 2003)

Die CB 1300 führte die Linie der CB 1000 weiter ins nächste Jahrtausend. Beim Motor, einem druckvollen Reihenvierzylinder, handelte es sich um ein in weiten Teilen neu entwickeltes Aggregat, das mit sattem Drehmoment und besten Manieren glänzte. Zum 116 PS starken Drehmomentwunder gesellte sich ein fein verarbeiteter Doppelschleifen-Rohrrahmen, eine großzügig dimensionierte Kastenschwinge aus Leichtmetall und die anerkannt guten Fireblade-Stoppern. Zur hohen Laufkultur gesellte sich ein für diesen Brocken überaus graziles Handling. Die Ausstattung war Honda-typisch komplett; das trocken 224 kg leichte Trumm von einem Motorrad verfügte über eine ungeregelten Katalysator mit Sekundärluftsystem (was die Euro-2-Norm garantierte) und Wegfahrsperre HISS. Die schnörkellos gezeichnete XJR-Konkurrenz schlug mit 9990 Euro zu Buche.

Modell:	CB 1300
Bauzeit:	2003–
Motor:	4-Zyl., 4-Takt, dohc, 16 V, flüssiggekühlt
Hubraum:	1284 ccm
Bohrung x Hub (mm):	78 x 67,2
Max. Leistung (PS/min):	116/7000
Max. Drehmoment (Nm/min):	117/6000
Gemischaufbereitung:	Einspritzung, U-Kat
Kraftübertragung:	5-Gang, Kette
Starter:	Elektro
Fahrwerk:	Doppelschleife, Telegabel, Federbeine
Reifen (v/h):	120/70-17/180/55-17
Federweg (v/h):	120/116 mm
Bremsen (v/h):	2 x S Ø 310/S Ø 256
Gewicht:	252 kg
Radstand (mm):	1515
Vmax (km/h):	230

CBR 600
(1987 – 1994)

Die CBR-Baureihe sollte zum Inbegriff des supersportlichen, superhandlichen Allrounders werden. Zu der im Windkanal geformten Verkleidung gesellte sich ein neuer Motor. Motorradtester lobten Laufkultur ebenso wie die gleichmäßige Leistungsentfaltung über ein breites Drehzahlband, priesen Startverhalten und Drehfreudigkeit ebenso wie das gute, spurstabile Fahrwerk, dessen Rückgrat ein solider Stahlrohr-Brückenrahmen bildete. Die CBR (Typ PC 23) von 1989 leistete 93 PS; zur IFMA 1990 folgte dann die nächste CBR, Typ PC 25 mit neuem Motor und neuem Chassis. Erstmals leistete eine 600er nun 100 PS.

Für andere Märkte gab es diese, wie auch die folgenden CBR-Generationen, ebenfalls mit 400 und 500 ccm.

Modell:	CBR 600 F
Bauzeit:	1987–1994
Motor:	4-Zyl., 4-Takt, dohc, flüssiggekühlt, 16 V
Hubraum:	598 ccm
Bohrung x Hub (mm):	63 x 48
Max. Leistung (PS/min):	85/11.000
Max. Drehmoment (Nm/min):	59/9500
Gemischaufbereitung:	Vergaser
Kraftübertragung:	6-Gang, Kette
Starter:	Elektro
Fahrwerk:	Brückenrahmen, Telegabel, Zentralfederbein
Reifen (v/h):	110/80-17/140/80-17
Federweg (v/h):	130/110 mm
Bremsen (v/h):	2 x S Ø 276/S Ø 220 mm
Gewicht:	201 kg
Radstand (mm):	1410
Vmax (km/h):	214

CBR 600
(1995 – 2000)

Die vierte (1995) und fünfte CBR-Generation (1998) setzten noch sportlichere Akzente als die in dieser Beziehung ohnehin nicht schlechten Vorgänger. Erkennungszeichen der 1995er Maschine waren die beiden schmalen Lufteinlassschlitze in der Verkleidungsfront unterhalb des Scheinwerfers und die neue Bremsanlage mit größeren Scheiben. Motorradtester bescheinigten der neuen CBR über den ganzen Drehzahlbereich deutlich mehr Schub. Die zwischen 1998 und 2000 gelieferte CBR unterschied sich durch den leichteren, steiferen Alurahmen und den Motor mit der im Gehäuse gelagerten Schwinge. Zur Leistungssteigerung erhielt die CBR 600 F eine neue Verkleidung samt Ram Air-System. Sie leistete 110 PS bei 12.5000/min.

Modell:	CBR 600 F
Bauzeit:	1995–2000
Motor:	4-Zyl., 4-Takt, dohc, flüssiggekühlt, 16 V
Hubraum:	598 ccm
Bohrung x Hub (mm):	67 x 42,5
Max. Leistung (PS/min):	106/12.500
Max. Drehmoment (Nm/min):	65/10.500
Gemischaufbereitung:	Vergaser
Kraftübertragung:	6-Gang, Kette
Starter:	Elektro
Fahrwerk:	Brückenrahmen, Telegabel, Zentralfederbein
Reifen (v/h):	120/70-17/180/55-17
Federweg (v/h):	120/120 mm
Bremsen (v/h):	2 x S Ø 296/S Ø 220 mm
Gewicht:	198 kg
Radstand (mm):	1395
Vmax (km/h):	238

CBR 600
(seit 2001)

Leichter, noch schneller, noch besser – zur Intermot 2000 krempelte Honda die über 220.000 mal gebaute CBR ein weiteres Mal völlig um. Kennzeichen des nun mit Kraftstoffeinspritzung und Katalysator bestückten Sporttoures war die neue Verkleidung. Ihr Trockengewicht lag mit 170 kg um ein Kilogramm über dem der gleichzeitig gezeigte CBR 600 Sport, die als Basis für die Rennteilnahme in der Supersport Worldseries dienen sollte. Die Unterschiede zwischen Basis und Sport waren sehr gering. Sie bestanden im Wesentlichen aus einer neuen Einzelsitzbank sowie der neu gestalteten Heckpartie. Natürlich verfügte die Sport, wie auch die normale CBR 600 F, über ein Sekundärluftsystem, während der Katalysator zunächst den deutschen Modellen vorbehalten blieb.

Modell:	CBR 600 Sport
Bauzeit:	2001–
Motor:	4-Zyl., 4-Takt, dohc, flüssiggekühlt, 16 V
Hubraum:	598 ccm
Bohrung x Hub (mm):	67 x 42,5
Max. Leistung (PS/min):	110/12.500
Max. Drehmoment (Nm/min):	65/10.500
Gemischaufbereitung:	Einspritzung, Kat
Kraftübertragung:	6-Gang, Kette
Starter:	Elektro
Fahrwerk:	Brückenrahmen, Telegabel, Zentralfederbein
Reifen (v/h):	120/70-17/180/55-17
Federweg (v/h):	120/120 mm
Bremsen (v/h):	2 x S Ø 296/S Ø 220 mm
Gewicht:	169 kg (trocken)
Radstand (mm):	1395
Vmax (km/h):	260

CBR 600 F
(2002)

Bereits in 2001 hatte es die CBR 600 F in limitierter Stückzahl als Rossi-Replica gegeben. Die Auflage war für Deutschland auf 250 Einheiten begrenzt gewesen und im Nu vergriffen. Rennfans, die damals nicht schnell genug waren, sich die Design-Replica des Weltmeisters 2001 zu sichern, konnten aufatmen: Für 2002 legte Honda die »Limited Edition« neu auf. Die auf 150 Exemplare limitierte Maschine kam im Mai 2002 in den Handel und kostete 9990 Euro. Und wer sich rasch entschied, dem spendierte Honda noch zwei Eintrittskarten zum Motorrad-GP auf dem Sachsenring, den der Italiener Valentino Rossi nach verpatztem Start letztlich doch noch gewann: Sein achter Sieg im neunten Rennen, Rossi wurde MotoGP-Weltmeister.

Modell:	CBR 600 F
Bauzeit:	2002
Motor:	4-Zyl., 4-Takt, dohc, flüssiggekühlt, 16 V
Hubraum:	599 ccm
Bohrung x Hub (mm):	67 x 42,5
Max. Leistung (PS/min):	110/12.500
Max. Drehmoment (Nm/min):	65/10.500
Gemischaufbereitung:	Einspritzung, G-Kat
Kraftübertragung:	6-Gang, Kette
Starter:	Elektro
Fahrwerk:	Alu-Brücke, Telegabel, Zentralfederbein
Reifen (v/h):	120/70-17/180/55-17
Federweg (v/h):	120/120 mm
Bremsen (v/h):	2 x S Ø 296 / S Ø 220
Gewicht:	170 kg trocken
Radstand (mm):	1395
Vmax (km/h):	250

CBR 600 RR
(seit 2003)

Rossi zum Dritten: »Die neue CBR 600 RR trägt die Gene von Rossis MotoGP-Wunderwaffe RC211V in sich,« behauptete Honda – und hatte kaum übertrieben. Mit der Doppel-R des Jahres 2003 stellte Honda eine Basismaschine für die Supersport-WM auf die Räder, die mit der CBR 600 F kaum mehr als Vorname und Hubraum gemeinsam hatte. Praktisch alle Teile waren neu oder überarbeitet worden, vom Rahmen aus Hohlprofil-Aluguss über die deutlich längere Schwinge bis hin zum kompakter gehaltenen Triebwerk mit dualer sequentieller Kraftstoffeinspritzung PGM-DSFI mit insgesamt acht Einspritzdüsen und 96 Injektoren, die drehzahlabhängig komplett in Aktion traten. Dazu kam ein neues Styling mit Anleihen an Rossis RC211V, ein um 70 mm nach vorn verlegter Sitzplatz und eine bildschön unter dem Heck platzierte Auspuffanlage. Die neue CBR leistete 113 PS, der rote Bereich begann bei 15.000 Touren. Erste Vergleichstests und Fahrberichte fielen enthusiastisch aus. Bei aller Renntechnik erstaunlich alltagstauglich – sogar mit geregelter Katalysator und Lambda-Sonde bestückt – und unkompliziert zu fahren, waren die ersten 1800 Einheiten, die der deutsche Importeur geordert hatte im Nu vergriffen.

Modell:	CBR 600 RR
Bauzeit:	2003–
Motor:	4-Zyl., 4-Takt, dohc, 16 V, flüssiggekühlt
Hubraum:	599 ccm
Bohrung x Hub (mm):	67 x 42,5
Max. Leistung (PS/min):	113/13.000
Max. Drehmoment (Nm/min):	64/11.000
Gemischaufbereitung:	Einspritzung, G-Kat
Kraftübertragung:	6-Gang, Kette
Starter:	Elektro
Fahrwerk:	Alu-Brücke, Telegabel, Zentralfederbein
Reifen (v/h):	120/70-17/180/55-17
Federweg (v/h):	120/120 mm
Bremsen (v/h):	2 x S Ø 310/S Ø 220
Gewicht:	169 kg trocken
Radstand (mm):	1390
Vmax (km/h):	250

CBR 900 RR Fire Blade
(1992–1995)

Mit der CBR 900 RR Fire Blade setzte Honda 1992 neue Maßstäbe auf dem Sportmaschinen-Sektor. Mit 185 kg trocken bewegte sich die Fire Blade in 600er Regionen, was in Verbindung mit dem neuen DOHC-16V-Motor für fulminante Fahrleistungen sorgte. Für die notwendige Stabilität sorgte ein neuer Brückenrahmen mit massiver Zweiarm-Kastenschwinge samt Versteifungsbügel. Die CBR 900 leistete offen 125 PS und brillierte durch überragendes Handling. Trotz ihrer Leistung – Spitze offen rund 245 km/h, 0–200 km/h 11,5 sec – galt die Fire Blade als nahezu unverwüstlich. Typische Schwachstellen gab es nicht. Die 900 RR erhielt 1994 eine größere Verkleidung, eine modifizierte Gabel sowie kleinere Änderungen am Motor.

Modell:	CBR 900 RR
Bauzeit:	1992–1995
Motor:	4-Zyl., 4-Takt, dohc, flüssiggekühlt, 16 V
Hubraum:	893 ccm
Bohrung x Hub (mm):	70 x 58
Max. Leistung (PS/min):	100/11.000
Max. Drehmoment (Nm/min):	80/7000
Gemischaufbereitung:	Vergaser
Kraftübertragung:	6-Gang, Kette
Starter:	Elektro
Fahrwerk:	Alu-Brücke, Telegabel, Zentralfederbein
Reifen (v/h):	130/70-16/180/55-17
Federweg (v/h):	120/125 mm
Bremsen (v/h):	2 x S Ø 296/S Ø 220 mm
Gewicht:	206 kg
Radstand (mm):	1405
Vmax (km/h):	235
Anmerkung:	Daten beziehen sich auf CBR 900, 1992.

CBR 900 RR Fireblade
(1996 - 1999)

Die Fireblade des Modelljahres 1996 unterschied sich wesentlich vom Vormodell; die Änderungen fielen so umfangreich aus, dass man beinahe von einem neuen Motorrad sprechen musste – was weniger ein Indiz auf eventuelle Schwachstellen ist, die ausgemerzt werden mussten, als vielmehr ein Hinweis darauf, dass die Konkurrenz gewaltig aufgeholt hatte. Im Überblick: Motor mit 918 cm³, Verkleidung, Sitzbank und Tank geändert; Schwinge, Rahmen und Gabel modifiziert, neue Zündanlage, andere Getriebeübersetzungen. Die nächste Modellpflege folgte 1998: Motor, Rahmen und Fahrwerk wurden stark überarbeitet, dazu kam eine größere Verkleidung. Die Leistung offen betrug 130 PS bei 10.500/min, 0–200 km/h ca. 10,3 S.

Modell:	CBR 900 RR
Bauzeit:	1996–1998
Motor:	4-Zyl., 4-Takt, dohc, flüssiggekühlt, 16 V
Hubraum:	918 ccm
Bohrung x Hub (mm):	71 x 58
Max. Leistung (PS/min):	128/10.500
Max. Drehmoment (Nm/min):	92/8500
Gemischaufbereitung:	Vergaser
Kraftübertragung:	6-Gang, Kette
Starter:	Elektro
Fahrwerk:	Alu-Brücke, Telegabel, Zentralfederbein
Reifen (v/h):	130/70-16/180/55-17
Federweg (v/h):	120/125 mm
Bremsen (v/h):	2 S Ø 296/S Ø 220 mm
Gewicht:	207 kg
Radstand (mm):	1405
Vmax (km/h):	260

CBR 900 RR
(2000–2002) HONDA

Die Neuauflage der Fireblade debütierte Mitte Januar 2000 in Estoril und war eine klare Kampfansage an die YZF-R1. Mit 929 cm^3 Hubraum, 151 PS und 170 kg Trockengewicht setzte sie einmal mehr Bestwerte, und dank der elektronischen Benzineinspritzung konnte erstmals auch ein Katalysator mit an Bord genommen werden. Im Auspufftrakt saß eine Steuerwalze, die je nach Drehzahl die Abgase optimal entsorgte. Auch das Chassis war neu, vorne kam eine Upside-down-Gabel mit 17-Zoll-Rad zum Einsatz; die Schwinge war nun im Motorgehäuse gelagert: Die CBR 900 RR war die bis dato sportlichste Honda überhaupt.

Modell:	CBR 900 RR
Bauzeit:	2000–2002
Motor:	4-Zyl., 4-Takt, dohc, 16 V, flüssiggekühlt
Hubraum:	929 ccm
Bohrung x Hub (mm):	74 x 54
Max. Leistung (PS/min):	152/11.000
Max. Drehmoment (Nm/min):	103/9000
Gemischaufbereitung:	Einspritzung
Kraftübertragung:	6-Gang, Kette
Starter:	Elektro
Fahrwerk:	Alu-Brücke, Upside-down, Zentralfederbein
Reifen (v/h):	120/70-17/190/50-17
Federweg (v/h):	120/135 mm
Bremsen (v/h):	2 x S Ø 330 mm/ S Ø 220 mm
Gewicht:	200 kg
Radstand (mm):	1400
Vmax (km/h):	265

Fireblade
(2002–2004)

Im Duell mit Supersportlern vom Schlage einer R 1 oder GSX-R 1000 hatte Hondas Fireblade Scharten bekommen. Und Tadao Baba, der Vater der CBR 900, schliff nach: Die Fireblade des Modelljahres 2002 hatte mit der Vorgängerin kaum mehr als den Namen gemeinsam. Zur neuen Verkleidung mit breiter, dreiteiliger Scheinwerferpartie gesellte sich eine passende Tank-Sitzbank-Kombination, die den Fahrer weiter nach vorn rücken ließ, ein neues Chassis mit neuer, leichterer Schwinge und leichteren Gussrädern. Damit bog die Fireblade noch flinker ums Eck und war noch agiler als zuvor, ohne aber ihrer vorbildliche Ausgewogenheit verloren zu haben. Herzstück der Überarbeitung aber war der neue Motor mit nunmehr 954 cm^3 und das neue Motormanagement: Die Papiere der CBR (die jetzt nur noch »Fireblade« hieß) wiesen nun beeindruckende 150 PS aus.

Modell:	Fireblade
Bauzeit:	2002–2004
Motor:	4-Zyl., 4-Takt, dohc, 16 V, flüssiggekühlt
Hubraum:	954 ccm
Bohrung x Hub (mm):	75 x 54
Max. Leistung (PS/min):	150/11.250
Max. Drehmoment (Nm/min):	104/9500
Gemischaufbereitung:	Einspritzung, G-Kat
Kraftübertragung:	6-Gang, Kette
Starter:	Elektro
Fahrwerk:	Alu-Brücke, USD-Gabel, Zentralfederbein
Reifen (v/h):	120/70-17/190/50-17
Federweg (v/h):	110/130 mm
Bremsen (v/h):	2 x S Ø 330/S Ø 220
Gewicht:	168 kg trocken
Radstand (mm):	1400
Vmax (km/h):	250

CBR 1000 F
(1987-1991)

Zur IFMA 1986 feierte die neue CBR 600/1000-Familie Premiere, wobei die Verkleidung die 1000er fast vollständig umhüllte. Die technische Basis war gleich. 135 PS bei 9500/min setzte offen der 998 ccm große Vierzylinder frei. Der unten offene Brückenrahmen aus Stahlblechprofilteilen, der den Motor als tragendes Element aufnahm, entsprach bis auf eine zusätzliche Motoraufnahme dem 600er Chassis. Die beiden gelochten 296-mm-Bremsscheiben im Vorderrad wurden über Zweikolben-Festsattelbremsen verzögert. Beläge und Belagträger waren keramikhaltig, was die thermische Belastung der Bremsanlage reduzieren sollte. Die erste größere Modellpflege erfolgte zum Modelljahr 1989. Die nunmehrige SC 24 war an den zusätzlichen Luftschlitzen zwischen Scheibe und (ebenfalls neuer) Scheinwerferpartie zu erkennen und hatte kein Anti-Dive-System mehr.

Modell:	CBR 1000 F
Bauzeit:	1987–1989
Motor:	4-Zyl., 4-Takt, dohc, flüssiggekühlt, 16 V
Hubraum:	998 ccm
Bohrung x Hub (mm):	77 x 53,6
Max. Leistung (PS/min):	100/9000
Max. Drehmoment (Nm/min):	87/6500
Gemischaufbereitung:	Vergaser
Kraftübertragung:	6-Gang, Kette
Starter:	Elektro
Fahrwerk:	Brückenrahmen, Telegabel, Zentralfederbein
Reifen (v/h):	110/80-17/140/80-17
Federweg (v/h):	150/120 mm
Bremsen (v/h):	2 x S Ø 296/S Ø 276 mm
Gewicht:	248 kg
Radstand (mm):	1505
Vmax (km/h):	236
Anmerkung:	SC 24: Kein Anti-Dive, Reifen 120/70 v./ 170/60VR-17 h.

CBR 1000 F
(1991 – 1999)

Die nächste Modelländerung von 1991 beschränkte sich auf Kleinigkeiten, während sich die dritte CBR-Serie von 1993 durch das Dual CBS auszeichnete. Hinter dieser Abkürzung verbarg sich ein Integralbremssystem, bei der über den Fußhebel zwei Kolben der vorderen Sechskolben-Bremsanlage zusammen mit der hinteren Scheibenbremse aktiviert wurden. Der Handbremshebel betätigte dann die restlichen vier vorderen Kolben.

Das Dual CBS überzeugte vor allem auf trockener Piste und bot beinahe ebenso große Sicherheitsreserven wie ein ABS; auf schmutziger oder feuchter Fahrbahn allerdings bot es kaum Vorteile gegenüber einer Anlage ohne Integral-Bremse.

Zu erkennen war die inzwischen 18.320 Mark teure CBR 1000 F an der neuen Verkleidung mit stark verkürzter Frontpartie.

Modell:	CBR 1000 F
Bauzeit:	1991–1999
Motor:	4-Zyl., 4-Takt, dohc, flüssiggekühlt, 16 V
Hubraum:	998 ccm
Bohrung x Hub (mm):	77 x 53,6
Max. Leistung (PS/min):	98/9000
Max. Drehmoment (Nm/min):	88/6500
Gemischaufbereitung:	Vergaser
Kraftübertragung:	6-Gang, Kette
Starter:	Elektro
Fahrwerk:	Brückenrahmen, Telegabel, Zentralfederbein
Reifen (v/h):	120/70-17/170/60-17
Federweg (v/h):	130/115 mm
Bremsen (v/h):	2 x S Ø 296/S Ø 256 mm, Dual CBS
Gewicht:	274 kg
Radstand (mm):	1505
Vmax (km/h):	223

CBR 1000 RR Fireblade
(seit 2004)

Nachdem in der World Superbike Rennserie nun Vierzylinder-Tausender zugelassen worden waren, gab es für Honda kein Halten mehr: die Fireblade sollte als neue Basismaschine für den Rennsport dienen – »von der Stocksport/Superstock-1000-Klasse bis hin zum World-Superbike-Rennzirkus«, wie die Pressemappe betonte. Daher begnügte sich Honda nicht mit motorseitigen Eingriffen, sondern schob ein komplett neues Motorrad aus der Boxengasse, das stark an Rossis Renngerät, die RC211V erinnerte. In der nunmehrigen CBR 1000 RR pochte ein aufgebohrter Reihen-Vierer mit dualer, sequenzieller Einspritzanlage, neuem Zylinderblock, neuem Innenleben und neuem Kassettengetriebe, der extrem kompakt baute. Auch Rahmen und Fahrwerk waren neu, wobei erstmals auch ein elektronischer Lenkungsdämpfer zum Einsatz kam.

Modell:	CBR 1000 RR
Bauzeit:	2004–
Motor:	4-Zyl., 4-Takt, dohc, 16 V, flüssiggekühlt
Hubraum:	998 ccm
Bohrung x Hub (mm):	75 x 56,5
Max. Leistung (PS/min):	k. A.
Max. Drehmoment (Nm/min):	k. A.
Gemischaufbereitung:	Einspritzung, G-Kat
Kraftübertragung:	6-Gang, Kette
Starter:	Elektro
Fahrwerk:	Alu-Brücke, USD-Gabel, Zentralfederbein
Reifen (v/h):	120/70-17/190/50-17
Federweg (v/h):	120/135 mm
Bremsen (v/h):	2 x S Ø 310/S Ø 220
Gewicht:	k. A.
Radstand (mm):	1412
Vmax (km/h):	k. A.

CBR 1100 XX Super Blackbird
(seit 1996)

Eine neue Runde im Wettrüsten leitete Honda 1996 mit der CBR 1100 XX Super Blackbird ein. 164 PS bei 10.000/min sollte der wassergekühlte Reihenvierzylinder mit zwei obenliegenden Nockenwellen und vier Ventilen pro Brennraum leisten, bis zum Jahr 1999 war die trocken 223 Kilogramm schwere Super-Amsel auf 152 PS abgerüstet worden, dann aber mit geregeltem Katalysator. Versehen mit einer aerodynamisch sehr ausgefeilten Verkleidung und charakteristischem Freiflächenscheinwerfer und CBS-Integralbremssystem, avancierte die Doppel-XX rasch zum Inbegriff des superschnellen Sporttourers.

Modell:	CBR 1100 XX
Bauzeit:	1996–

Motor:	4-Zyl., 4-Takt, dohc, flüssiggekühlt, 16 V
Hubraum:	1137 ccm
Bohrung x Hub (mm):	79 x 58
Max. Leistung (PS/min):	98/9000
Max. Drehmoment (Nm/min):	94/4250
Gemischaufbereitung:	Vergaser
Kraftübertragung:	6-Gang, Kette
Starter:	Elektro
Fahrwerk:	Alu-Brücke, Telegabel, Zentralfederbein
Reifen (v/h):	120/70-17/180/55-17
Federweg (v/h):	120/120 mm
Bremsen (v/h):	2 x S Ø 310/S Ø 256 mm
Gewicht:	245 kg
Radstand (mm):	1490
Vmax (km/h):	243
Anmerkung:	Daten beziehen sich auf dt. Modell von 1996. Leistung offen: 164 PS/10.000min. 1999: Einspritzanlage, Katalysator; 152 PS/9500min.

GL 1000
Gold Wing
(1975–1980)

Die erste Tausender aus Fernost debütierte zur IFMA 1974. Der kurzhubig ausgelegte Vierzylinder-Boxermotor verfügte über Flüssigkeitskühlung und Kardanantrieb, den Antrieb der obenliegenden Nockenwellen (ohc) übernahmen wartungs- und geräuscharme Zahnriemen. Die Goldwing brachte es, bei gefülltem 19-Liter-Tank, auf 295 kg. Leider war das Fahrwerk des flüsternden Riesen nicht so gut wie es der 82 PS starke Motor verdient hätte. Der K0 von 1975 folgte die K1 von 1976 mit neuer Sitzbank und Kegelrollenlager im Lenkkopf. Außerdem gab es eine auf 500 Stück limitierte de-Luxe-Version. Die K2 von 1977 hatte H4-Scheinwerfer und verbesserte Bremsen, pendelte aber immer noch, so dass sich Honda mit der K3 für 1978 zu einer tiefgreifenden Revision entschloss. Diese 78 PS starke GL 1000 galt als die beste.

Modell:	GL 1000
Bauzeit:	1975–1980
Motor:	4-Zyl., 4-Takt, Boxer
Hubraum:	999,45 ccm
Bohrung x Hub (mm):	72 x 61,4
Max. Leistung (PS/min):	82/7500
Max. Drehmoment (Nm/min):	80/6500
Gemischaufbereitung:	Vergaser
Kraftübertragung:	5-Gang, Kardan
Starter:	Kick/Elektro
Fahrwerk:	Doppelschleife, Telegabel, Federbeine
Reifen (v/h):	3,50-19/4,50-17
Federweg (v/h):	120/87 mm
Bremsen (v/h):	2 x S Ø 232 mm/ S Ø 250 mm
Gewicht:	295 kg
Radstand (mm):	1540
Vmax (km/h):	195
Anmerkung:	Motorleistung ab 1978: 78 PS.

GL 1100
Gold Wing
(1980–1983)

Modell:	GL 1100
Bauzeit:	1980–1983
Motor:	4-Zyl., 4-Takt, Boxer
Hubraum:	1085 ccm
Bohrung x Hub (mm):	75 x 61,4
Max. Leistung (PS/min):	82,4/7500
Max. Drehmoment (Nm/min):	90/5500
Gemischaufbereitung:	Vergaser
Kraftübertragung:	5-Gang, Kardan
Starter:	Elektro
Fahrwerk:	Doppelschleife, Telegabel, Federbeine
Reifen (v/h):	110/90-19/120/90-18
Federweg (v/h):	147/80 mm
Bremsen (v/h):	2 x S Ø 280 mm/ S Ø 296 mm
Gewicht:	315 kg
Radstand (mm):	1605
Vmax (km/h):	185

Auf dem Pariser Salon 1979 präsentierte Honda die nächste Auflage der »Goldenen Schwinge«, die dann im Sommer 1980 zur Auslieferung gelangte. Dank des modifizierten Fahrwerks überzeugte der Kardan-Tourer nun durch unbeirrbaren Geradeauslauf, auch dem Vierzylinder-Boxermotor hatte die Kraftkur – mehr Hubraum, neue Steuerzeiten – gut getan: »Sämtliche Maßnahmen zur Elastizitätssteigerung vermitteln diesem Motor nun auch eine brutale Kraft, die den bisherigen Typen abging«, lobten die Tester. Knapp ein halbes Jahr danach erschien die GL 1100 mit Interstate-Verkleidung. Weitere Änderungen erfolgten zum Modelljahr 1982 (Doppelkolben-Scheibenbremsanlage, länger übersetzte obere Fahrstufen).

GL 1200 DX
(1984–1988)

Zehn Jahre nach dem Debüt der Gold Wing präsentierte Honda den Vierzylinder-Boxer in seiner letzten Ausbaustufe mit 1183 ccm Hubraum und einer Leistung von 94 PS bei 7000/min. Die Überarbeitung bekam dem nun mit Hydrostößeln versehenen Boxer ausgezeichnet; die GL 1200 passierte die 100-km/h-Marke in weniger als fünf Sekunden und lief laut Tacho knapp 200 km/h – und das völlig stressfrei für die Besatzung, die nun noch komfortabler untergebracht worden war. Noch einmal überarbeitet worden war auch das Fahrwerk. Die GL 1200 DX wog stolze 333 kg und kostete beinahe 18.000 Mark, inklusive Vollverkleidung, zweier Gepäckkoffer (dann allerdings in der Höchstgeschwindigkeit auf 130 km/h limitiert), hydraulisch zu betätigender Kupplung und mäßig wirksamer Doppelkolben-Bremsanlage.

Modell:	GL 1200 DX
Bauzeit:	1984–1988
Motor:	4-Zyl., 4-Takt, Boxer
Hubraum:	1182 ccm
Bohrung x Hub (mm):	75,5 x 66
Max. Leistung (PS/min):	94/7000
Max. Drehmoment (Nm/min):	105/5500
Gemischaufbereitung:	Vergaser
Kraftübertragung:	5-Gang, Kardan
Starter:	Elektro
Fahrwerk:	Doppelschleife, Telegabel, Federbeine
Reifen (v/h):	130/90-16/150/90-15
Federweg (v/h):	140/105 mm
Bremsen (v/h):	2 x S Ø 276 mm/ S Ø 296 mm
Gewicht:	333 kg
Radstand (mm):	1610
Vmax (km/h):	190
Anmerkung:	Hydrostößel für automatischen Ventilspielausgleich

GL 1500/6
(1988–2001)

Mit dem im Herbst 1987 vorgestellten Supertourer legte Honda die Messlatte bei den Luxustourern wieder etwas höher: 1,5 Liter Hubraum, sechs Zylinder, 394 kg Gewicht und Rückwärtsgang – keiner bot mehr. Der 100-PS-Luxusliner bot Schub ohne Ende und überzeugte in Fahrkomfort und Ausstattung. Ein Tempomat war ebenso an Bord wie eine Radio-/Kassettenanlage und Luftkompressor für die hinteren Federbeine. Verzögert wurde vorne über eine Dreischeiben-Bremsanlage mit Integral-Bremssystem. Schon vor zehn Jahren galt die Sechszylinder-Wing als perfektes Touren-Motorrad, eine erwähnenswerte Modellpflege, abgesehen von wechselnden Designs- und Ausstattungen, fand nicht statt, sieht man einmal von der seit 1997 lieferbaren Variante mit großem US-Topcase einmal ab.

Modell:	GL 1500/6
Bauzeit:	1988–2001
Motor:	6-Zyl., 4-Takt, Boxer
Hubraum:	1520 ccm
Bohrung x Hub (mm):	71 x 64
Max. Leistung (PS/min):	100/5200
Max. Drehmoment (Nm/min):	150/4000
Gemischaufbereitung:	Vergaser
Kraftübertragung:	5 + R-Gang, Kardan
Starter:	Elektro
Fahrwerk:	Doppelschleife, Telegabel, Federbeine
Reifen (v/h):	130/70-18/160/80-16
Federweg (v/h):	140/105 mm
Bremsen (v/h):	2 x S Ø 296 mm/ S Ø 296 mm
Gewicht:	394 kg
Radstand (mm):	1700
Vmax (km/h):	184

GL 1800
(2001-2003)

Auf der Intermot präsentierte Honda die lange erwartete GL 1800. Die brandneue Goldwing war mit 1832 cm³ das hubraumstärkste Großserienmotorrad der Welt. Der 6-Zyl.-Boxermotor entwickelte 119 PS, verfügte über Kraftstoffeinspritzung und Katalysator-Technik. Die Ventilbetätigung erfolgte direkt über Tassenstößel. Der Rahmen bestand aus Aluminium, hinten kam eine Einarmschwinge aus Aluguss zum Einsatz. Ein brandneues Anti-Dive in Verbindung mit dem Dual-CBS-Bremssystem samt Dreikolbenbremszangen übernahm die Verzögerungsarbeit. Ebenfalls serienmäßig mit an Bord: ABS, Audiosystem sowie eine Zentralverriegelung für das Gepäcksystem, das fast 147 Liter Stauraum bot. Trotz dieser Ausstattung wog das Luxusmöbel trocken mit 363 kg sogar minimal weniger als die 1500/6.

Modell:	GL 1800
Bauzeit:	2001–2003
Motor:	6-Zyl., 4-Takt, Boxer, flüssiggekühlt, 12 V
Hubraum:	1832 ccm
Bohrung x Hub (mm):	74 x 71
Max. Leistung (PS/min):	119/5500
Max. Drehmoment (Nm/min):	167/4000
Gemischaufbereitung:	Einspritzung, Kat
Kraftübertragung:	5 + R-Gang, Kardan
Starter:	Elektro
Fahrwerk:	Alu-Brückenrahmen, Telegabel mit Anti-Dive, Zentralfederbein
Reifen (v/h):	130/70-18/180/60-16
Federweg (v/h):	140/105 mm
Bremsen (v/h):	2 x S Ø 296/S Ø 316 mm, Dual-CBS, ABS
Gewicht:	363 (trocken)
Radstand (mm):	1692
Vmax (km/h):	200

Gold Wing
(seit 2003)

Honda präsentierte bereits im Juli 2003 die Gold Wing des Modelljahres 2004, die ab Herbst auch in Deutschland zu haben war. Der Luxustourer zeigte sich leicht modellgepflegt. Neben kleinen optischen Änderungen verfügte das Honda-Flaggschiff nun über eine belüftete Windschutzscheibe mit verstell- und verschließbaren Lüfteinlässen, so dass der Luftstrom gezielt auf Gesicht und Oberkörper des Fahrers gelenkt werden konnte. Neu gestaltet wurden auch die Schaltereinheiten am Lenker; diese waren nun beleuchtet. Natürlich hatten diese Maschinen bereits das modifizierte Steuergerät und die anderen Maßnahmen erhalten, die ein Überhitzen im Langsamfahrbereich ausschlossen. Die bis dahin angebotenen Gold Wing der Baujahre 2001 bis 2003 rüstete Honda kostenlos um.

Modell:	Gold Wing
Bauzeit:	2004–
Motor:	6-Zyl., 4-Takt, Boxer, flüssiggekühlt, 12 V
Hubraum:	1832 ccm
Bohrung x Hub (mm):	74 x 71
Max. Leistung (PS/min):	119/5500
Max. Drehmoment (Nm/min):	167/4000
Gemischaufbereitung:	Einspritzung, G-Kat
Kraftübertragung:	5-Gang, Rückwärtsgang, Kardan
Starter:	Elektro
Fahrwerk:	Alu-Brückenrahmen, Telegabel mit Anti-Dive, Zentralfederbein
Reifen (v/h):	130/70-18/180/60-16
Federweg (v/h):	140/105 mm
Bremsen (v/h):	2 x S Ø 296/S Ø 316, Dual-CBS, ABS
Gewicht:	399 kg
Radstand (mm):	1690
Vmax (km/h):	200

CX 500
(1977-1983)

Die »Güllepumpe« CX 500 gab ihr Debüt auf der IFMA 1976 und bot, neben der ungewöhnlichen Optik, einen feinen, flüssigkeitsgekühlten V-Motor mit acht Ventilen sowie einen Kardanantrieb. Verzögert wurde vorn über zwei Scheibenbremsen, hinten genügte eine Trommelbremse. Bei den ersten CX wie auch der Chopper-Variante »Custom« war ein unten offener Zentralrohrrahmen verwendet worden, der den Motor als mittragendes Element integrierte. Das 18-Zoll-Hinterrad stützte sich über eine konventionelle Schwinge und Stereo-Federbeine ab. Die Federbeine waren fünffach verstellbar und hatten einen Arbeitsweg von 85 mm, die Teleskopgabel vorn mit den 33er Standrohren bot 140 mm Federweg. Die CX avancierte zu einem der großen Bestseller der 70er Jahre, weltweit wurden über 300 000 Exemplare verkauft.

Modell:	CX 500
Bauzeit:	1977–1983
Motor:	V2-Zyl., 4-Takt, flüssiggekühlt, 8 V
Hubraum:	497 ccm
Bohrung x Hub (mm):	78 x 52
Max. Leistung (PS/min):	50/9000
Max. Drehmoment (Nm/min):	46/7000
Gemischaufbereitung:	Vergaser
Kraftübertragung:	5-Gang, Kardan
Starter:	Elektro
Fahrwerk:	Zentralrohr, Telegabel, Federbeine
Reifen (v/h):	3,25-19/3,75-18
Federweg (v/h):	140/85 mm
Bremsen (v/h):	2 x S Ø 240 mm/ T Ø 160 mm
Gewicht:	221 kg
Radstand (mm):	1455
Vmax (km/h):	177

CX 500/650 E
(1982–1985)

Bei der neuen CX im »Euro«-Styling handelte es sich um weit mehr als »nur« eine Modellpflege: Man konnte mit Fug und Recht von einem neuen Motorrad sprechen, aufgebaut aus bereits bekannten Komponenten. Die 500er-Euro verfügte, wie Turbo und Silver Wing, über einen unten offenen Brückenrohrrahmen mit Pro-Link-Schwinge. Der Motor saß nun etwas tiefer im Rahmen, damit sank auch der Schwerpunkt und verbesserte das Handling. Auch Bremsen und Gabel stammten von der Turbo. Die zur IFMA 1982 vorgestellte CX 650 E unterschied sich äußerlich von der 500er nur durch die Farbe. Beim Motor allerdings handelte es sich um eine Neuentwicklung; der langhubig ausgelegte Twin brachte noch mehr Durchzug im unteren Bereich und ließ sich ausgesprochen schaltfaul fahren.

Modell:	CX 500 E
Bauzeit:	1982–1985
Motor:	V2-Zyl., 4-Takt, flüssiggekühlt, 8 V
Hubraum:	493 ccm
Bohrung x Hub (mm):	78 x 52
Max. Leistung (PS/min):	50/9000
Max. Drehmoment (Nm/min):	43/7000
Kraftübertragung:	5-Gang, Kardan
Starter:	Elektro
Fahrwerk:	Brückenrahmen, Telegabel mit Anti Dive, Zentralfederbein
Reifen (v/h):	100/90-18/120/80-18
Federweg (v/h):	150/110 mm
Bremsen (v/h):	2 x S Ø 280 mm/ S Ø 280 mm
Gewicht:	225 kg
Radstand (mm):	1495
Vmax (km/h):	175

GL 500/650
(1982–1985)

Das Konzept der erfolgreichen Gold Wing-Tourer übertrug Honda 1982 auch in die Halbliter-Klasse. Die »Silver Wing« lehnte sich ganz bewußt an die »Gold Wing« an, bis auf einige Kleinigkeiten entsprach die Schale der Interstate-Verkleidung der 1100er. Zur neuen Verkleidung gesellte sich ein neues Fahrwerk. Der GL-Rahmen entsprach im Prinzip dem aus der Turbo und der Euro bekannten Brückenrohr-Kostruktion, lediglich der Lenkkopfwinkel stand etwas flacher. Zusammen mit der 650er im Euro-Look stellte Honda auch eine GL-Version vor, die sich nicht nur durch den Motor von der weiterhin angebotenen GL 500 unterschied. In praktisch allen Bereichen entsprach der Tourer den Modellen der zweiten CX-Generation, wobei bei der schweren GL der neue Motor am meisten Sinn machte. Von außen war die große GL auf den ersten Blick an den neuen Gussfelgen zu identifizieren.

Modell:	GL 500/650 Silver Wing
Bauzeit:	1982–1985
Motor:	V2-Zyl., 4-Takt, flüssiggekühlt, 8 V
Hubraum:	493 (674) ccm
Bohrung x Hub (mm):	78 x 52 (82 x 63)
Max. Leistung (PS/min):	50/9000 (65/8000)
Max. Drehmoment (Nm/min):	43/7000 (61/6500)
Gemischaufbereitung:	Vergaser
Kraftübertragung:	5-Gang, Kardan
Starter:	Elektro
Fahrwerk:	Brücke (Zentralrohr), Telegabel, Zentralfederbein
Reifen (v/h):	3,50-19/130/90-16
Federweg (v/h):	150/110
Bremsen (v/h):	2 x S Ø 240 (280) mm/ T Ø 160 mm
Gewicht:	255 kg (260 kg)
Radstand (mm):	1495
Vmax (km/h):	155 (164)

CX 500/650 Turbo
(1981-1985)

Hohe Leistung aus kleinen Hubraum bei mäßigem Verbrauch – das war, in Kurzform, die Idee, die hinter dem Turbo-Gedanken stand. Bigbike-Fahrleistungen in der Mittelklasse erforderten aber ein neues Triebwerk. Dessen Herzstück bildete ein Turbolader. Oberhalb von 6000/min entwickelte die 82 PS starke Honda eine Menge Dampf. Dennoch war die Turbo eine Enttäuschung, zumal die 262 kg schwere Maschine kaum mehr als 195 km/h schaffte: Die Auslieferung der CX 500 erfolgte zum Frühjahr 1982, knapp ein halbes Jahr später erschien dann die äußerlich identische 650er. Die Detailarbeit konzentrierte sich in erst Linie darauf, den Einsatz des Laders weicher zu gestalten.

Modell:	CX 500 Turbo
Bauzeit:	1982–1985
Motor:	V2-Zyl., 4-Takt, Turbo, 8 V
Hubraum:	497 ccm
Bohrung x Hub (mm):	78 x 52
Max. Leistung (PS/min):	82/8000
Max. Drehmoment (Nm/min):	79,4/5000
Gemischaufbereitung:	Einspritzung, Turbo
Kraftübertragung:	5-Gang, Kardan
Starter:	Elektro
Fahrwerk:	Brücke, Telegabel mit Anti-Dive, Zentralfeder
Reifen (v/h):	3,50-19/120/90-16
Federweg (v/h):	130/100 mm
Bremsen (v/h):	2 x S Ø 280 mm/ S Ø 280 mm
Gewicht:	262 kg
Radstand (mm):	1496
Vmax (km/h):	195

VT 500 E
(1983–1987)

Die VT 500 trat die Nachfolge der CX 500 an. Wie diese verfügte sie über einen wassergekühlten V-Motor, der diesmal aber quer, und nicht längs, eingebaut worden war. Übrigens war der Twin kein »echter« V-Motor, sondern hier rotierten die Pleuel mit 76 Grad Versatz um die Kurbelwelle – was trotz des sehr engen Zylinderwinkels von 52 Grad zu einer hohen Laufruhe führte. Den Gaswechsel steuerten insgesamt sechs Ventile, pro Brennraum gab es zwei Zündkerzen. Nur im Solo-Betrieb überzeugte das 204 kg schwere Motorrad auch in der 27-PS-Version, ansonsten war die 50-PS-Variante die klar bessere Wahl. Allerdings war der Sitzkomfort für den Beifahrer nicht der beste.

Modell:	VT 500 E
Bauzeit:	1983–1987
Motor:	V2-Zyl., 4-Takt, flüssiggekühlt, 6 V
Hubraum:	491 ccm
Bohrung x Hub (mm):	71 x 62
Max. Leistung (PS/min):	50/9000
Max. Drehmoment (Nm/min):	45/7000
Gemischaufbereitung:	2 x Vergaser
Kraftübertragung:	6-Gang, Kardan
Starter:	Elektro
Fahrwerk:	Doppelschleife, Telegabel, Federbeine
Reifen (v/h):	100/90-18/120/80-18
Federweg (v/h):	150/110 mm
Bremsen (v/h):	S Ø 238 mm/T Ø 140 mm
Gewicht:	204 kg
Radstand (mm):	1480
Vmax (km/h):	184

NTV 650 Revere
(1988–1998)

Im April 1988 erfolgte die Premiere des VT 500 E-Nachfolgers NTV 650, der mit sportlicher Sitzposition, Brückenrahmen, Einarm-Kardanschwinge und 650 ccm endlich das Zeug zum Nachfolger der legendären CX zu haben schien. Gleichwohl krankte die erste Serie an Kinderkrankheiten, die allerdings rasch kuriert wurden: Mit der 1989er Auflage der später dann im ehemaligen Montesa-Werk gebauten Revere gehörten die Kritikpunkte der Vergangenheit an. Der sehr laufruhige V2, wahlweise mit 27, 50 oder 60 PS zu haben, wurde ab 1993 auch mit 34 PS angeboten. Die Leistung der offenen NTV sank auf 57 PS, im Jahr darauf um noch einmal vier auf 53 PS. Die NTV (die es in den USA auch mit Kette statt Kardan gab und dort »Hawk« hieß) wurde hierzulande rund 15.000 mal verkauft und 1998 abgelöst.

Modell:	NTV 650 Revere
Bauzeit:	1988–1998
Motor:	V2-Zyl., 4-Takt, flüssiggekühlt, 6 V
Hubraum:	647 ccm
Bohrung x Hub (mm):	79 x 76
Max. Leistung (PS/min):	50/7500
Max. Drehmoment (Nm/min):	55/3000
Gemischaufbereitung:	Vergaser
Kraftübertragung:	5-Gang, Kardan
Starter:	Elektro
Fahrwerk:	Brückenrahmen, Telegabel, Zentralfederbein
Reifen (v/h):	110/80-17/150/70-17
Federweg (v/h):	130/120 mm
Bremsen (v/h):	S Ø 316 mm/S Ø 276 mm
Gewicht:	208 kg
Radstand (mm):	1460
Vmax (km/h):	165
Anmerkung:	In den USA auch mit Kettenantrieb erhältlich.

NT 650 V Deauville (1998–2001)

Modell:	NT 650 V Deauville
Bauzeit:	1998–2001
Motor:	V2-Zyl., 4-Takt, flüssiggekühlt, 6 V
Hubraum:	647 ccm
Bohrung x Hub (mm):	79 x 66
Max. Leistung (PS/min):	54,4/8000
Max. Drehmoment (Nm/min):	55/6000
Gemischaufbereitung:	Vergaser
Kraftübertragung:	5-Gang, Kardan
Starter:	Elektro
Fahrwerk:	Brückenrahmen, Telegabel, Zentralfederbein
Reifen (v/h):	120/70-17/150/70-17
Federweg (v/h):	115/120 mm
Bremsen (v/h):	2 x S Ø 296 mm/ S Ø 276 mm
Gewicht:	237 kg
Radstand (mm):	1475
Vmax (km/h):	184

»Deauville« nannte Honda den neuen Mittelklassetourer, der im Frühjahr 1998 auf den Markt kam. Das komplett ausgestattete Reisemotorrad trat die Nachfolge der NTV an. Das Designer-Motorrad war gleich ab Werk – in diesem Fall Montesa-Honda in Barcelona – mit Tourenverkleidung und integriertem Gepäcksystem versehen. Wenig Neuerungen gab es an der technischen Basis. Es blieb beim jetzt 55 PS starken V2-Motor, bei Rahmen, Getriebe und NTV-Kardanantrieb. Neu waren die Bremsen (vorne kam jetzt eine Doppelscheiben-Bremsanlage mit Brembo-Sätteln zum Einsatz) und die Zweiarm-Schwinge, die an die Stelle der bisherigen Einarmschwinge getreten war. Trocken wog die NT 650 satte 223 kg. Nach schleppendem Verkaufsstart etablierte sie sich als feste Größe auf dem Markt.

NT 650 V Deauville
(seit 2002)

Modell:	NT 650 V Deauville
Bauzeit:	2002–
Motor:	V2-Zyl., 4-Takt, 6 V
Hubraum:	647 ccm
Bohrung x Hub (mm):	79 x 66
Max. Leistung (PS/min):	56/7750
Max. Drehmoment (Nm/min):	55/6250
Gemischaufbereitung:	Vergaser, U-Kat
Kraftübertragung:	5-Gang, Kardan
Starter:	Elektro
Fahrwerk:	Brückenrahmen, Telegabel, Zentralfederbein
Reifen (v/h):	120/70-17/150/70-17
Federweg (v/h):	115/120 mm
Bremsen (v/h):	2 x S Ø 296/S Ø 276, Single-CBS
Gewicht:	248 kg
Radstand (mm):	1475
Vmax (km/h):	184

Hondas Mittelklasse-Tourer präsentierte sich modifiziert im Modelljahr 2002. Die Techniker unterzogen den Motor einer umfassenden Revision, überarbeiteten die Kurbelwelle, verbauten leichtere Kolben und modifizierten die Kraftübertragung, setzten in die Schalldämpfer ungeregelte Katalysatoren samt Sekundärluftsystem, und verbauten das Kombi-Bremssystem CBS mit Dreikolbenbremssätteln vorn und hinterem Doppelkolbensattel. Modifikationen an Verkleidung und Instrumenten – Karbon-Look für die Zifferblätter – wie auch Seitenkoffer mit vergrößertem Fassungsvermögen rundeten das Maßnahmenpaket für des Klassenprimus ab. Deutlich verbessert hatte sich die Laufkultur der NT, nach wie vor etwas mehr Liebe zum Detail hätte mancher Honda-Freund sich bei der Montage gewünscht. Doch auch unschöne Schweißraupen am Rahmen änderten nichts daran, dass die für 7990 Euro angebotene Deauville einen reellen Gegenwert fürs Geld bot – und als Tourer war sie sowieso einzigartig.

VTR 1000 F
(seit 1997)

Ein Bonbon der Extraklasse servierte Honda 1997 mit der VTR 1000 F, einem 90 Grad-V2-Twin, umrahmt von einem sportlichen Fahrwerk nebst dazu passender Optik mit Halbverkleidung. Fahrdynamisch bot die Firestorm mit 110 PS Spitzenleistung bei 9000/min genügend Power, um angesichts eines fahrfertigen Gewichts von 216 Kilogramm zumindest auf kurvenreichen Landstraßen sogar weitaus stärkeren Maschinen das Nachsehen zu geben. Die mit zwei ungeregelten Katalysatoren ausgestattete VTR war, anders als die Konkurrenz von Suzuki, ebenso handlich wie fahrstabil. Und machte man sich das breite Drehzahlband des 996 Kubikzentimeter großen V2 zunutze, kam vor allem auf kurvenreichen Landstraßen so richtig Freude auf: Sportlichkeit war also Trumpf bei der VTR 1000 F, die mit einer Spitze von 244 km/h die Lichtschranke durcheilte.

Modell:	VTR 1000 F
Bauzeit:	1997–
Motor:	V2-Zyl., 4-Takt, flüssiggekühlt, 8 V
Hubraum:	996 ccm
Bohrung x Hub (mm):	98 x 66
Max. Leistung (PS/min):	98/9000
Max. Drehmoment (Nm/min):	96/7000
Gemischaufbereitung:	Vergaser, U-Kat
Kraftübertragung:	6-Gang, Kette
Starter:	Elektro
Fahrwerk:	Alu-Brücke, Telegabel, Zentralfederbein
Reifen (v/h):	120/70-17/180/55-17
Federweg (v/h):	109/124 mm
Bremsen (v/h):	2 x S Ø 296/S Ø 220 mm
Gewicht:	216 kg
Radstand (mm):	1430
Vmax (km/h):	230
Anmerkung:	Leistung offen: 110 PS

VTR 1000 SP-1
(1999–2001)

Modell:	VTR 1000 SP-1
Bauzeit:	1999–2001
Motor:	V2-Zyl., 4-Takt, flüssiggekühlt, 8 V
Hubraum:	996 ccm
Bohrung x Hub (mm):	100 x 63,6
Max. Leistung (PS/min):	132/9500
Max. Drehmoment (Nm/min):	102/8500
Gemischaufbereitung:	Einspritzung
Kraftübertragung:	6-Gang, Kette
Starter:	Elektro
Fahrwerk:	Alu-Brücke, Upside-down, Zentralfederbein
Reifen (v/h):	120/70-17/190/50-17
Federweg (v/h):	130/120 mm
Bremsen (v/h):	2 x S Ø 320/S Ø 220 mm
Gewicht:	223 kg
Radstand (mm):	1410
Vmax (km/h):	275

Mit der VTR 1000 SP-1 blies Honda für das Jahr 2000 zum Sturmangriff auf die Superbike-WM. Die Basis bildete die VTR-Twin, dessen Innereien zu 90 % ebenso neu waren wie der Alu-Brückenrahmen.

Die neu gezeichnete Verkleidung dominierte ein mittig platzierter, V-förmiger Ansaugschlund; das Ram Air-System führte am Lenkrohr vorbei direkt in den voluminösen Luftfilterkasten. 132 PS brachte die trocken 200 kg schwere SP-1 an den Start, wem das zu wenig war, konnte vermittels eines rund 200.000 Mark teuren HRC-Racing-Kits aufrüsten: Damit war die SP-1 dann stark genug, um locker bei den Privatteams in der Superbike-WM vorne mitfahren zu können.

Allerdings musste dafür das Serienfahrwerk erheblich aufgerüstet werden, insbesondere das Zentralfederbein kam auf der Rennstrecke schnell an seine Grenzen.

VTR 1000 SP-2
(seit 2002)

Modell:	VTR 1000 SP-2
Bauzeit:	2002–
Motor:	V2-Zyl., 4-Takt, flüssiggekühlt
Hubraum:	999 ccm
Bohrung x Hub (mm):	100 x 63,6
Max. Leistung (PS/min):	135,5/10.000
Max. Drehmoment (Nm/min):	102/8000
Gemischaufbereitung:	Einspritzung
Kraftübertragung:	6-Gang, Kette
Starter:	Elektro
Fahrwerk:	Alu-Brücke, USD-Gabel, Zentralfederbein
Reifen (v/h):	120/70-17/190/50-17
Federweg (v/h):	119/126 mm
Bremsen (v/h):	2 x S Ø 320/S Ø 220
Gewicht:	218 kg
Radstand (mm):	1420
Vmax (km/h):	275

Die VTR 1000 SP-1 diente als Basis der Superbike-Rennmaschine von Colin Edwards, der im Premierenjahr 2000 auch prompt damit den WM-Titel ergatterte. Zur Saison 2002 erhielt er ein neues Dienstfahrzeug, entsprechend änderte sich auch das beim Händler erhältliche Homologationsmodell, das um vier PS stärker und um sechs Kilogramm leichter ausfiel als die SP-1. Neu waren etwa Schwinge, Rahmen und Lackierung, ebenso die Kalibrierung der Einspritzanlage. Zur Ausstattung zählten außerdem eine höhere Verkleidungsscheibe und eine Alarmanlage. Den ersten 2000 Exemplaren packte Honda außerdem einen speziellen Dekorkit mit dazu, einen Besucherpass für die Superbike-Rennen 2002, Gutschein, Poster und Autogrammkarte. Das allerdings hätte es kaum gebraucht: Die 14.590 Euro teure SP-2 war auch ohne diese Gimmicks ein rundum überzeugendes Angebot.

VFR 400 R
(1992 – 1993)

Die sportlichste V4-Honda der 90er Jahre war die VFR 400 R. Aufgebaut nach dem Muster der erfolgreichen RC 30, aber mit 193 kg leichter und dank der anderen Fahrwerksgeometrie noch handlicher als diese, stand die 61 PS starke Sport-Honda kurzzeitig auch im Angebot für Europa. Die Abbildung zeigt die VFR, wie sie in Österreich verkauft wurde; in Deutschland kostete sie beinahe 20.000 Mark. Für den Renneinsatz (vor allem in der japanischen Formel 3) gab es von HRC auch einen entsprechenden Rennkit. Nach der Überarbeitung von 1993 (bei dieser Gelegenheit wurde die kleine V4 der in Suzuka erfolgreichen Endurance-Rennmaschine RVF 750 R angeglichen und in RVF 400 umbenannt) verschwand die superhandliche, aber bärenstarke 400er wieder aus den Lieferlisten für Deutschland.

Modell:	VFR 400 R
Bauzeit:	1992–1993
Motor:	V4-Zyl., 4-Takt, dohc, flüssiggekühlt, 16 V
Hubraum:	399 ccm
Bohrung x Hub (mm):	55 x 42
Max. Leistung (PS/min):	61/12.500
Max. Drehmoment (Nm/min):	39/10.000
Gemischaufbereitung:	Vergaser
Kraftübertragung:	6-Gang, Kette
Starter:	Elektro
Fahrwerk:	Doppelschleife, Telegabel, Zentralfederbein
Reifen (v/h):	120/60-17/150/60-18
Federweg (v/h):	120/120 mm
Bremsen (v/h):	S Ø 300/S Ø 245
Gewicht:	193 kg
Radstand (mm):	1345
Vmax (km/h):	200

VF 500 F/FII
(1984–1987)

Wer eine wirklich sportliche V4-Honda suchte, mußte zur 500er und nicht zur 750er greifen: Halbschalenverkleidung, Motorspoiler, Vierkantrohrrahmen und letztlich der wassergekühlte V4-Motor stempelten die VF 500 zur kleinen, aber noch sportlicheren Schwester der VF 750 F. Nur 201 kg brachte die 1984 präsentierte 500er vollgetankt auf die Waage, und von den versprochenen 70 PS Spitzenleistung versammelten sich bei der ersten Motorrad-Leistungsmessung immerhin echte 67 auf dem Prüfstand. Dem drastisch angehobenen Drehzahlniveau gegenüber der 750er trug das eng gestufte Sechsganggetriebe Rechnung. Honda wertete die VF 500 mittels supersportlicher Vollverkleidung zur VF 500 FII auf. Dadurch stieg die Höchstgeschwindigkeit auf enorme 205 km/h.

Modell:	VF 500 F
Bauzeit:	1984–1987
Motor:	V4-Zyl., 4-Takt, dohc, flüssiggekühlt, 16 V
Hubraum:	498 ccm
Bohrung x Hub (mm):	60 x 44
Max. Leistung (PS/min):	70/11.500
Max. Drehmoment (Nm/min):	43/10.500
Gemischaufbereitung:	Vergaser
Kraftübertragung:	6-Gang, Kette
Starter:	Elektro
Fahrwerk:	Doppelschleife, Telegabel, Zentralfederbein
Reifen (v/h):	100/90-16/110/90-18
Federweg (v/h):	140/115 mm
Bremsen (v/h):	2 x S Ø 256 mm/ S Ø 256 mm
Gewicht:	201 kg
Radstand (mm):	1420
Vmax (km/h):	205

VF 750 S
(1982–1984)

Honda präsentierte zur Saison 1982 mit der VF 750 S den CB 750-Nachfolger mit V-Motor. Die neu entwickelte Antriebsquelle war wassergekühlt und quer eingebaut; ihre beiden Zylinderpaare standen – erstmals bei einer Serien-Honda – im Winkel von 90 Grad zueinander. Das Herzstück des Fahrwerkes bildete der Doppelschleifenrahmen aus Stahl mit runden Rohrquerschnitten und abschraubbarem rechten Unterzug. Im Fahrbetrieb benahm sich die sehr weich abgestimmte Honda betont komfortabel, Schlaglöcher und Bodenwellen verarbeitete das Chassis ordentlich. Das lasche Federbein allerdings vermochte Bodenwellen in schnell gefahrenen Autobahnkurven nicht ausreichend zu dämpfen und versetzte die Fuhre in Schlingerbewegungen. Gleichwohl taugte die Honda wegen ihres durchzugsstarken Triebwerkes sowie des wartungsfreien Kardanantriebs prima für längere Touren.

Modell:	VF 750 S
Bauzeit:	1982–1984
Motor:	V4-Zyl., 4-Takt, dohc, flüssiggekühlt, 16 V
Hubraum:	748 ccm
Bohrung x Hub (mm):	70 x 48,6
Max. Leistung (PS/min):	82/9500
Max. Drehmoment (Nm/min):	66/8500
Gemischaufbereitung:	Vergaser
Kraftübertragung:	6-Gang, Kardan
Starter:	Elektro
Fahrwerk:	Doppelschleife, Telegabel, Zentralfederbein
Reifen (v/h):	100/90-18/130/90-17
Federweg (v/h):	140/100 mm
Bremsen (v/h):	2 x S Ø 245 mm/ T Ø 160 mm
Gewicht:	242 kg
Radstand (mm):	1560
Vmax (km/h):	204
Anmerkung:	Im Bild die US-Variante »Sabre«

VF 750 F
(1983–1985)

Wegen einer sich abzeichnenden Änderung des Endurance-Reglements entstand 1982 diese für den Rennsport taugliche Basismaschine mit Straßenzulassung. Ihre Grundlage bildete der modifizierte V4 mit kompakterem Motorgehäuse, leicht nach oben gekipptem vorderen Zylinderpaar und anderen Nockenwellen. Mit 216 km/h war die VF 750 F die schnellste 750er auf dem Markt. Neu war auch das Fahrwerk mit vorderem 16-Zöller und Doppelschleifenrahmen aus Vierkant-Stahlrohr. In Vergleichstests schnitt die VF 750 F indes immer nur mittelmäßig ab. Die Kippeligkeit brachte ihr Punktabzüge im Fahrwerksbereich ein. Ebenso häufig monierten die Tester das hohe Lastwechselspiel im Antriebsstrang.

Modell:	VF 750 F
Bauzeit:	1983–1985
Motor:	V4-Zyl., 4-Takt, dohc, flüssiggekühlt, 16 V
Hubraum:	748 ccm
Bohrung x Hub (mm):	70 x 48,6
Max. Leistung (PS/min):	90/10.000
Max. Drehmoment (Nm/min):	73/7500
Gemischaufbereitung:	Vergaser
Kraftübertragung:	5-Gang, Kette
Starter:	Elektro
Fahrwerk:	Doppelschleife, Telegabel, Zentralfederbein
Reifen (v/h):	110/90-16/130/80-17
Federweg (v/h):	140/105 mm
Bremsen (v/h):	2 x S Ø 276 mm/ S Ø 296 mm
Gewicht:	222 kg
Radstand (mm):	1480
Vmax (km/h):	216

VFR 750 F
(1985 – 1989)

Im Spätsommer 1985 stellte Honda mit der VFR 750 F (RC 24) ein Sportmotorrad auf die Räder, das wegweisend werden sollte: Sie wurde zum Inbegriff des sportlichen Allrounders und hatte mit den bisherigen VF-Vierzylindern allenfalls noch den Zylinderwinkel gemein. Eine aufwändige Aluminium-Brückenkonstruktion aus Strangpressprofilen umschloss den V4, der zudem als tragendes Element fungierte. Steuerkopf und Motoraufnahmen bestanden aus Leichtmetall; das Rahmenheck dagegen aus stabilem Stahlrohr. Zwei Jahre lang gewann die VFR 750 F sämtliche Vergleichstests, dennoch wertete Honda den '88er-Jahrgang mit einer stärkeren Gabel, größeren Bremsen, 17-Zoll-Rädern und einer höheren und zudem einstellbaren Verkleidungsscheibe auf.

Modell:	VFR 750 F (RC 24)
Bauzeit:	1985–1989
Motor:	V4-Zyl., 4-Takt, dohc, flüssiggekühlt, 16 V
Hubraum:	748 ccm
Bohrung x Hub (mm):	70 x 48,6
Max. Leistung (PS/min):	100/10.500
Max. Drehmoment (Nm/min):	75/7500
Gemischaufbereitung:	Vergaser
Kraftübertragung:	6-Gang, Kette
Starter:	Elektro
Fahrwerk:	Alu-Brücke, Telegabel mit Anti Dive, Zentralfederbein
Reifen (v/h):	110/90-16/130/80-18
Federweg (v/h):	140/105 mm
Bremsen (v/h):	2 x S Ø 276 mm/ S Ø 256 mm
Gewicht:	226 kg
Radstand (mm):	1480
Vmax (km/h):	235

VFR 750 F
(1989–1997)

Im Herbst 1989 präsentierte Honda in Misano die neue VFR 750 F, Typenbezeichnung RC 36. Diese wirkte nun deutlich sportlicher und einen Hauch aggressiver als die Vorgängerin. Dank umfangreicher Feinarbeiten saß der Motor nun tiefer im Rahmen, was den Schwerpunkt nach unten rückte und ihr zu noch besseren Handling-Eigenschaften verhalf. Der nun verwendete Leichtmetall-Brückenrahmen orientierte sich mit den fünf- anstatt viereckigen Strangpressprofil-Trägern nun am Chassis der RC 30 und gewann dadurch an Torsionsstabilität. Zur Saison 1994 überarbeitete Honda die VFR 750 F in über 500 Details, erkennbar an den schräg geschnittenen Scheinwerfern. Mit noch nicht einmal 240 kg unterbot sie jetzt so manchen Supersportler: »Es gibt kaum bessere Motorräder, nur extremere«, schrieb ein Tester und brachte den Charakter der RC 36 damit auf den Punkt.

Modell:	VFR 750 F
Bauzeit:	1989–1997
Motor:	V4-Zyl., 4-Takt, dohc, flüssiggekühlt, 16 V
Hubraum:	748 ccm
Bohrung x Hub (mm):	70 x 48,6
Max. Leistung (PS/min):	98/10.000
Max. Drehmoment (Nm/min):	73/8000
Gemischaufbereitung:	Vergaser
Kraftübertragung:	6-Gang, Kette
Starter:	Elektro
Fahrwerk:	Alu-Brücke, Telegabel, Zentralfederbein
Reifen (v/h):	120/70-17/170/60-17
Federweg (v/h):	130/130 mm
Bremsen (v/h):	2 x S Ø 296 mm/ S Ø 256 mm
Gewicht:	239 kg
Radstand (mm):	1470
Vmax (km/h):	230

VFR 750 R
(1988 – 1993)

Honda schuf mit der Ende 1987 vorgestellten VFR 750 R (RC 30) eine Supersport-750er nach Vorbild der RVF-Werksrenner aus der Endurance-WM. Für den Einsatz im neuen Basis-Renner für den Superbike-Sport war der auf 112 PS erstarkte V4 völlig überarbeitet worden. Anders als die RC 24, die mit nur einem Wasserkühler auskam, benötigte der neue V4 deren zwei. Dank des geringen Gewichts, des kurzen Radstands, des steilen Lenkkopfwinkels und des schmal bauenden V4-Triebwerks glänzte die RC 30 in Handling und Geradeauslauf. Die Einarmschwinge wies eine Zentralmutter zur Befestigung des 5,5 mal 18 Zoll großen Hinterrades auf. Der gegossene Schwingarm stützte sich über ein voll einstellbares und via Hebelei angelenktes Zentralfederbein ab.

Modell:	VFR 750 R
Bauzeit:	1988–1993
Motor:	V4-Zyl., 4-Takt, dohc, flüssiggekühlt, 16 V
Hubraum:	748 ccm
Bohrung x Hub (mm):	70 x 48,6
Max. Leistung (PS/min):	112/11.000
Max. Drehmoment (Nm/min):	69/10.500
Gemischaufbereitung:	Vergaser
Kraftübertragung:	6-Gang, Kette
Starter:	Elektro
Fahrwerk:	Alu-Brücke, Telegabel, Zentralfederbein
Reifen (v/h):	120/70-17/170/60-18
Federweg (v/h):	120/130 mm
Bremsen (v/h):	2 x S Ø 310 mm/ S Ø 220 mm
Gewicht:	208 kg
Radstand (mm):	1405
Vmax (km/h):	245

RVF 750-RC 45
(1994 – 1997)

Einen Volltreffer landete Honda mit der Nachfolgerin des Supersportlers VFR 750 R (RC30), der RVF 750-RC 45. Mit 72 mm Bohrung und 46 mm Hub legte Honda das Triebwerk kurzhubig aus und versah es mit einer Einspritzanlage. Dank dieser brillierte der V4 durch feinste Manieren. Bereits bei 3000/min stand genügend Kraft zur Verfügung, und in der Region zwischen 6000 und 12.000/min offerierte der auf 11,5 zu eins verdichtete Motor schlicht das Beste, was in der 750er-Klasse in puncto Leistungsabgabe geboten wurde. Zusammen mit dem vorzüglich zu schaltenden 6-Ganggetriebe mit sehr langem ersten Gang bot die RC 45 viel Kraft und nur wenig Vibrationen im mittleren Drehzahlbereich. Auch die vielfältig einstellbare Upside-Down-Gabel von Showa und das voll einstellbare Zentralfederbein überzeugten, lediglich an den Bremsen schieden sich die Geister.

Modell:	RVF-RC 45
Bauzeit:	1994–1997
Motor:	V4-Zyl., 4-Takt, dohc, flüssiggekühlt, 16 V
Hubraum:	749 ccm
Bohrung x Hub (mm):	72 x 46
Max. Leistung (PS/min):	98/11.750
Max. Drehmoment (Nm/min):	71/7300
Gemischaufbereitung:	Einspritzung
Kraftübertragung:	6-Gang, Kette
Starter:	Elektro
Fahrwerk:	Alu-Brücke, Upside-down, Zentralfederbein
Reifen (v/h):	130/70-16/190/50-17
Federweg (v/h):	120/130 mm
Bremsen (v/h):	2 x S Ø 310 mm/ S Ø 230 mm
Gewicht:	214 kg
Radstand (mm):	1410
Vmax (km/h):	248
Anmerkung:	1995 mit verstärkter Schwingenaufnahme und Motoraufhängung

NR 750
(1991)

Stark angelehnt an die Prototypen-Rennmaschine von 1987 präsentierte Honda 1991 in Le Castellet einen Vierzylinder, der eigentlich ein Achtzylinder war. Vier ovale Kolben, jeweils acht Ventile pro Brennraum und Doppelzündung setzten Highlights im Vierzylinderbau. Die 125 PS starke und bis zu 16.000/min hoch drehende 750er-Honda entstand in limitierter Auflage und kostete rekordverdächtige 100.000 Mark. Wer allerdings eine astreine Renn-Replica erwartete, wurde enttäuscht; gleichwohl wurde so ziemlich alles verbaut, was an Renntechnik zu haben war. Bis zur 12.000/min-Markierung röhrte die NR wie eine RC 30, darüber entwickelte der Ovalkolben-Brenner einen ganz eigentümlich heulenden, turbinengleichen Ton, wie ihn kein anderer Vierzylinder je bieten konnte.

Modell:	NR 750
Bauzeit:	1991
Motor:	V4-Zyl., 4-Takt, flüssiggekühlt, 32 V
Hubraum:	747,5 ccm
Bohrung x Hub (mm):	75,3 x 42
Max. Leistung (PS/min):	125/14.000
Max. Drehmoment (Nm/min):	70/11.500
Gemischaufbereitung:	Einspritzung
Kraftübertragung:	6-Gang, Kette
Starter:	Elektro
Fahrwerk:	Alu-Brücke, Upside-down, Zentralfederbein
Reifen (v/h):	130/70-16/180/55-17
Federweg (v/h):	120/120 mm
Bremsen (v/h):	2 x S Ø 310 mm/ S Ø 220 mm
Gewicht:	222 kg
Radstand (mm):	1433
Vmax (km/h):	255
Anmerkung:	Ovalkolben-Motor

VFR 800
(1997-2001)

Im Gegensatz zum optisch sehr ähnlich anmutenden Vorgängermodell VFR 750 F (RC 36) basierte das Triebwerk der 1997 präsentierten VFR nicht mehr auf dem bereits 1983 entworfenen Motorgehäuse, sondern trug ein modifiziertes RC-45-Aggregat mit 781 ccm Hubraum und geregeltem Katalysator. Die maximal 106 PS, die das überdies mit zahmeren Steuerzeiten modifizierte Triebwerk bei 10.500/min produziert, reichen immerhin für 235 km/h Höchstgeschwindigkeit, und die Leistungsabgabe ist so, wie von Hondas V4-Motoren seit jeher gewohnt. Kraft und Durchzug bereits in niedrigen Drehzahlen, ohne jedoch den richtigen Punch in höheren Regionen missen zu lassen. Zur Saison 2000 gründlich überarbeitet, hat die VFR jetzt auch eine Wegfahrsperre an Bord. Für 1999 als limitierte Sonderserie (Bild) lieferbar, wurde sie zum Modelljahr 2002 abgelöst.

Modell:	VFR 800
Bauzeit:	1998–2001
Motor:	V4-Zyl., 4-Takt, dohc, flüssiggekühlt, 16 V
Hubraum:	781 ccm
Bohrung x Hub (mm):	72 x 48
Max. Leistung (PS/min):	98/10.500
Max. Drehmoment (Nm/min):	79/8500
Gemischaufbereitung:	Einspritzung, G-Kat
Kraftübertragung:	6-Gang, Kette
Starter:	Elektro
Fahrwerk:	Brückenrahmen, Telegabel, Zentralfederbein
Reifen (v/h):	120/70-17/180/55-17
Federweg (v/h):	120/120 mm
Bremsen (v/h):	2 x S Ø 296 mm/ S Ø 256 mm
Gewicht:	234 kg
Radstand (mm):	1440
Vmax (km/h):	235

VFR
(seit 2001)

Zu den wichtigsten Neuheiten des gegen Aufpreis mit einem ABS ausgestatteten Sporttourers von 2002 gehörte das VTEC-System, das Honda bereits im Automobilbau erprobt hatte. Hier aber stand VTEC nicht für variable Ventilsteuerzeiten, sondern für die drehzahlabhängige Ventilzuschaltung: Unterhalb von knapp 7000 Touren lief die VFR als drehmomentstarker Zweiventiler, darüber als leistungswilliger Vierventiler. Der Nockenwellenantrieb erfolgte per Kette, nicht mehr über Zahnräder, und modernste Einspritz- und Katalysatortechnik war sowieso mit an Bord. Tadellos agierte auch das modifizierte Chassis mit der neuen 43er Gabel mit verstellbarer Federvorspannung. Die Modifikationen an der Sitzbank (aufgepolstert) und Fußrasten (abgesenkt) bescherten nicht nur dem Fahrer, sondern auch dem Sozius ein prima Plätzchen.

Modell:	VFR
Bauzeit:	2001–
Motor:	V4-Zyl., 4-Takt, dohc, flüssiggekühlt, 16 V, 4V-VTEC
Hubraum:	782 ccm
Bohrung x Hub (mm):	72 x 48
Max. Leistung (PS/min):	110/10.500
Max. Drehmoment (Nm/min):	80/8500
Gemischaufbereitung:	Einspritzung, G-Kat
Kraftübertragung:	6-Gang, Kette
Starter:	Elektro
Fahrwerk:	Alu-Brücke, Telegabel, Zentralrohr, Zentralfederbein
Reifen (v/h):	120/70-17/180/55-17
Federweg (v/h):	109/120 mm
Bremsen (v/h):	2 x S Ø 296/S Ø 256 mm, Dual-CBS
Gewicht:	249 kg
Radstand (mm):	1457
Vmax (km/h):	244
Anmerkung:	ABS erhöht das Gewicht um 4 kg.

VF 1000 F
(1984–1987)

Die 1984 präsentierte VF 1000 F lehnte sich eng an das Konzept der VF 750 F an, ihre Verwandtschaft reichte bis in die Tiefen des (identischen) Kurbelgehäuses. Entsprechende Ähnlichkeiten gab es auch am Rahmen, dessen linker Unterzug hier noch als Wasserleitung fungierte. Nominell für Europa mit 116 PS und für die USA mit 113 PS homologiert, stieß die knapp 240 km/h schnelle VF 1000 F in kaum gekannte Dimensionen vor. Honda trug den 26 Mehr-PS der VF 1000 F gegenüber der VF 750 F in Form einer stabileren, luftunterstützten Gabel Rechnung. Identisch hingegen die Schwinge und das Zentralfederbein. Weitere Unterschiede markierten Räder, Bereifung und Bremsen. Honda überarbeitete dieses Modell bereits 1985, was letztlich zur vollverkleideten VF 1000 FII sowie der halbverschalten VF 1000 F führte.

Modell:	VF 1000 F
Bauzeit:	1984–1987
Motor:	V4-Zyl., 4-Takt, dohc, flüssiggekühlt, 16 V
Hubraum:	998 ccm
Bohrung x Hub (mm):	77 x 53,6
Max. Leistung (PS/min):	100/9000
Max. Drehmoment (Nm/min):	83/7500
Gemischaufbereitung:	Vergaser
Kraftübertragung:	5-Gang, Kette
Starter:	Elektro
Fahrwerk:	Doppelschleife, Telegabel, Zentralfederbein
Reifen (v/h):	120/80-16/140/80-17
Federweg (v/h):	155/120 mm
Bremsen (v/h):	2 x S Ø 276 mm/ S Ø 276 mm
Gewicht:	258 kg
Radstand (mm):	1505
Vmax (km/h):	225

VF 1000 R
(1984 – 1986)

Das Top-Modell der V4-Reihe basierte auf der VF 1000 F, bewies aber in vielen Details seine Nähe zu den Werks-Rennmaschinen, etwa in den zahnradgetriebenen Nockenwellen. In den Papieren gewaltige 122 PS bei 10.500/min stark, schaffte die VF eine Spitze von 249 km/h. Fahrwerksseitig setzte Honda bei dieser Renn-Replica auf ein 16 Zoll-Vorderrad. Dessen Nachteile wie Kippeligkeit in Kurven und Aufstellneigung beim Bremsen bereits von zivileren VF-Modellen bekannt waren, daher stieß dieses Eigenart auch bei der VF 1000 R stets auf Kritik. Gleichwohl überzeugte das Handling der mit 265 kg recht schweren Honda. Bereits für 1985 wurde sie erheblich modifiziert.

Von der VF 1000 R erschien auch eine Sonderserie in den Farben von Rothman's, dem Sponsor des Honda Grand-Prix-Teams.

Modell:	VF 1000 R
Bauzeit:	1984–1986
Motor:	V4-Zyl., 4-Takt, dohc, flüssiggekühlt, 16 V
Hubraum:	998 ccm
Bohrung x Hub (mm):	77 x 53,6
Max. Leistung (PS/min):	100/10.000
Max. Drehmoment (Nm/min):	84/4500
Gemischaufbereitung:	Vergaser
Kraftübertragung:	6-Gang, Kette
Starter:	Elektro
Fahrwerk:	Doppelschleife, Telegabel, Zentralfederbein
Reifen (v/h):	120/80-16/140/80-17
Federweg (v/h):	155/120 mm
Bremsen (v/h):	2 x S Ø 276 mm/ S Ø 220 mm
Gewicht:	274 kg
Radstand (mm):	1505
Vmax (km/h):	240

ST 1100 Pan European
(1990–2001)

Der erste Super-Tourer von Honda nach europäischem Geschmack fand 1990 in Gestalt der ST 1100 Pan European seinen Weg ins Programm. Entstanden unter Mithilfe des europäischen Entwicklungszentrums, wurde sie statt des ursprünglich geplanten CBR-Vierzylinders von einem neuen 90-Grad-V4 mit je zwei Nockenwellen pro Zylinderpaar und vier Ventilen pro Brennraum beflügelt. Für die Kraftübertragung sorgte eine Kardanwelle. Als erstes Serien-Motorrad der Welt trumpfte die mit ABS bewehrte ST 1100 mit einer Anti-Schlupf-Regelung (TCS) auf, die das Durchdrehen des Hinterrades auch auf rutschigem Untergrund verhinderte. Dual-CBS-Anlage wie auch die Traktionskontrolle TCS waren in den letzten Baujahren dann serienmäßig mit an Bord.

Modell:	ST 1100
Bauzeit:	1990–2001
Motor:	V4-Zyl., 4-Takt, dohc, flüssiggekühlt, 16 V
Hubraum:	1084 ccm
Bohrung x Hub (mm):	73 x 64,8
Max. Leistung (PS/min):	100/7500
Max. Drehmoment (Nm/min):	111/6000
Gemischaufbereitung:	Vergaser
Kraftübertragung:	5-Gang, Kardan
Starter:	Elektro
Fahrwerk:	Doppelschleife, Telegabel, Zentralfederbein
Reifen (v/h):	110/80-18/160/70-17
Federweg (v/h):	150/120 mm
Bremsen (v/h):	2 x S Ø 316 mm/ S Ø 296 mm, ABS
Gewicht:	325 kg
Radstand (mm):	1555
Vmax (km/h):	217

ST 1300 Pan European
(seit 2002)

Modell:	ST 1300 Pan European
Bauzeit:	2002–
Motor:	V4-Zyl., 4-Takt, dohc, 16 V
Hubraum:	1261 ccm
Bohrung x Hub (mm):	78 x 66
Max. Leistung (PS/min):	127/8000
Max. Drehmoment (Nm/min):	125/6000
Gemischaufbereitung:	Einspritzung, G-Kat
Kraftübertragung:	5-Gang, Kardan
Starter:	Elektro
Fahrwerk:	Alu-Brücke, Telegabel, Zentralfederbein
Reifen (v/h):	120/70-18/170/60-17
Federweg (v/h):	120/123 mm
Bremsen (v/h):	S Ø 310/S Ø 316, Dual-CBS, ABS
Gewicht:	323 kg
Radstand (mm):	1490
Vmax (km/h):	230

Erst 2002 wurde die Pan European, Hondas Kult-Tourer, komplett überholt. Und das Ergebnis konnte sich sehen lassen: Die Neue hatte mehr Hubraum, einen neuen Alu-Brückenrahmen und eine Einspritzanlage samt G-Kat, weniger Gewicht, einen kürzeren Radstand und eine neue, ganz auf Handlichkeit getrimmt Fahrwerksgeometrie. Das Dual-CBS-Kombibremssystem gehörte ebenso zur Serienausstattung wie der elektrisch in der Höhe verstellbare Fahrersitz und das elektrisch verstellbare Windschild. Wie ihre Vorgängerin auch, war die ST 1300 ein überragender Luxustourer mit überkompletter Ausstattung und problemlosen Eigenschaften – zumindest nach der Überarbeitung: Der Geradeauslauf im höheren Geschwindigkeitsbereich offenbarte erhebliche Schwächen, so dass Honda im Frühjahr 2003 einen Auslieferungsstopp verhängte und der Pan das Pendeln abgewöhnte. Die Kunden, die eine der 15.990 Euro teueren Maschinen bestellt hatten, erhielten so lange eine VFR mit Koffersystem.

CM 125 / 250 C
(1980 - 1984)

Hondas Chopper in der 10-PS-Klasse hieß CM 125. Motor, Getriebe und Fahrwerk entsprachen der Straßen-125er, lediglich der Lenkkopfwinkel war flacher und entsprechend der Nachlauf größer. Die Gemischaufbereitung übernahm ein einzelner Keihin-Schiebervergaser, die Verzögerung erfolgte über Trommelbremsen. Hinten ein dickeres 16-Zoll Drahtspeichenrad, halbhoher Lenker, ein tropfenförmiger Tank und eine Stufensitzbank – und fertig war eines der unausgewogensten Motorräder, das bei deutschen Testern wie Käufern absolut nicht ankam. Die identisch aussehende CM 250 C von 1982, welche die betagte CM 200 T ablöste, gefiel in der Beziehung besser, riss aber in punkto Durchzug und Temperament natürlich keine Bäume aus, dazu waren 17 PS nicht genug. 1984

Modell:	CM 125 (250) C
Bauzeit:	1980–1984
Motor:	2-Zyl., 4-Takt
Hubraum:	124 (233) ccm
Bohrung x Hub (mm):	44 x 41 (53 x 53)
Max. Leistung (PS/min):	10/9000 (17/7500)
Max. Drehmoment (Nm/min):	9,1/6000 (18/4000)
Gemischaufbereitung:	Vergaser
Kraftübertragung:	5-Gang, Kette
Starter:	Elektro
Fahrwerk:	Zentralrohr, Telegabel, Federbeine
Reifen (v/h):	3,25-18/110/90-16
Federweg (v/h):	140/75 mm
Bremsen (v/h):	T Ø 150/T Ø 140
Gewicht:	139 (144) kg
Radstand (mm):	1350 (1345)
Vmax (km/h):	91 (106)

verschwanden die Chopper vom Markt, um in den 90er wieder zu erscheinen.

CA 125/CMX 250 C Rebel (1995–2000)

»Der amerikanische Traum«, verkündeten die Prospekte, »ein Traum von einem Chopper« sei die neue Honda CMX 250 C Rebel. Auch wenn das übertrieben war: zuverlässig und nett anzuschauen war sie allemal. Beide, die CA 125 wie die CMX 250 waren praktisch baugleich. Die 250er unterschied sich, abgesehen vom Motor, dem Vergaser mit größerem Durchlass und dem um 70 mm breiteren Lenker, nur im Lack von der im Vorjahr präsentierten CA 125 Rebel. Während dieser allerdings eher als Schwächling galt, hatte die CMX von 1996 deutlich mehr Biss. Die gesunden 17 PS der 250er hatten keine Mühe, die rund 150 kg im Verkehrsgewühl ganz nach vorne zu bringen. In der Stadt konnten die Rebellen am besten ihre Wendigkeit beweisen.

Modell:	CA 125 (CMX 250 C)
Bauzeit:	1995–2000
Motor:	2-Zyl., 4-Takt
Hubraum:	124 (233) ccm
Bohrung x Hub (mm):	44 x 41 (53 x 53)
Max. Leistung (PS/min):	11/9500 (17/8000)
Max. Drehmoment (Nm/min):	9,5/6000 (18/5500)
Gemischaufbereitung:	Vergaser
Kraftübertragung:	5-Gang, Kette
Starter:	Elektro
Fahrwerk:	Zentralrohr, Telegabel, Federbeine
Reifen (v/h):	3,25-18/110/90-15 (3,00-18/130/90-15)
Federweg (v/h):	140/75 mm
Bremsen (v/h):	S Ø 240/T Ø 130
Gewicht:	140 (153) kg
Radstand (mm):	1460
Vmax (km/h):	92 (115)

VT 125 C
(seit 1999)

Dem Boom in der 125er Klasse begegnete Honda für 1999 mit der Shadow 125, einem Cruiser im Look der großen VT-Modelle. Ihn trieb ein neuer, wassergekühlter V2-Motor mit 90 Grad Zylinderwinkel und entsprechend langhubiger Auslegung an. Mit 15 PS schöpfte Honda das Leistungslimit voll aus, damit vermochte die VT nicht nur optisch, sondern auch fahrdynamisch alle Ansprüche erfüllen, die an einen Cruiser dieser Hubraumklasse gestellt werden mochten. Mitte 2000 bis 2003 wurde der normalen VT die C2 zur Seite gestellt, die eine adrette Zweifarben-Lackierung aufwies. An Sitzhöhe (680 mm), Tankinhalt (14 l) sowie Trockengewicht (145 kg) hatte sich nichts geändert, ebenso wenig an der Tatsache, dass die Honda immer ein Quäntchen schneller unterwegs war als die Konkurrenz.

Modell:	VT 125 C
Bauzeit:	1999–
Motor:	V2-Zyl., 4-Takt, flüssiggekühlt
Hubraum:	124,7 ccm
Bohrung x Hub (mm):	42 x 45
Max. Leistung (PS/min):	15/11.000
Max. Drehmoment (Nm/min):	10,5/9000
Gemischaufbereitung:	Vergaser
Kraftübertragung:	5-Gang, Kette
Starter:	Elektro
Fahrwerk:	Doppelschleife, Telegabel, 2 Federbeine
Reifen (v/h):	100/90-17/130/90-17
Federweg (v/h):	110/80 mm
Bremsen (v/h):	S Ø 240/T Ø 130 mm
Gewicht:	160 kg
Radstand (mm):	1524
Vmax (km/h):	90

CM 185/ 200/400 T
(1978 – 1984)

Die ersten Soft-Chopper erschienen zur Saison 1978 in Europa. In Frankreich mit 125 ccm angeboten, erschien in Deutschland eine mit dieser praktisch baugleiche 185er. Der Softchopper brachte 137 kg auf die Waage, was für die Leistung – zehn oder 17 PS – eindeutig zu viel war. Für die Honda sprach, neben der Optik, das saubere Finish, der kultivierte Motor und das hohe Maß an Fahrkomfort. Ein Quäntchen mehr Hubraum machte aus der CM 185 T dann 1980 die CM 200 T. Abgesehen davon war der Zweizylinder baugleich mit dem Vormodell. Auffällige Unterschiede waren der runde Tacho mit separater Konsole anstelle des bisherigen Kombi-Instruments, die kürzeren Auspufftüten und der Wegfall des Sozius-Haltebügels. Die populärste CM war allerdings die choppermäßig kostümierte CB 400 N mit 27 PS.

Modell:	CM 185 (200/400) T
Bauzeit:	1980–1984
Motor:	2-Zyl., 4-Takt (400: 6 V)
Hubraum:	179 (194/395) ccm
Bohrung x Hub (mm):	53 x 41 (53 x 44/70,5 x 50,6)
Max. Leistung (PS/min):	10/7500 (17/9000/27/7500)
Max. Drehmoment (Nm/min):	13/4000 (15/7000/28/6500)
Gemischaufbereitung:	Vergaser
Kraftübertragung:	4-Gang (4/5-Gang), Kette
Starter:	Kick/E. (E.)
Fahrwerk:	Zentralrohr, Telegabel, Federbeine
Reifen (v/h):	3,00-17/3,50-16 (400: 3,50-18/4,60-16)
Federweg (v/h):	115/65 (400: 115/76)
Bremsen (v/h):	T Ø 140/T Ø 130 (400: S Ø 275/T Ø 140) mm
Gewicht:	137 (400: 184) kg
Radstand (mm):	1280 (400: 1425)
Vmax (km/h):	93 (110/135)

CX 500/650 C
(1980–1983)

Im September 1979 erschien als zweite CX-Variante die CX 500 C, wobei das C für »Custom« stand. Geblieben waren der wartungsfreie Kardanantrieb und der schier unverwüstliche V-Motor, den es weiterhin in zwei Leistungsstufen gab, neu waren die Radgrößen mit 19" vorn und 16" hinten. Die Drosselung auf 27 PS erfolgte über Auspuffkrümmer und Vergaser. Nach Meinung nicht weniger Motorrad-Tester war die CX-C die bessere CX, obwohl sie oberhalb von 120 km/h ein unangenehmes Eigenleben entwickelte. Die Optik ihrer Nachfolgerin, der CX 650 C von 1984 folgte der von den VF 750/1100 vorgegebenen Linie; auch die Gabel stammte aus dem VF-Fundus. Anders als die anderen Mitgliedern der CX-650-Familie verfügte die Custom über eine konventionelle Schwinge mit Federbeinen.

Modell:	CX 500 (650) C
Bauzeit:	1980–1983
Motor:	V2-Zyl., 4-Takt, flüssiggekühlt, 8 V
Hubraum:	497 (673) ccm
Bohrung x Hub (mm):	78 x 52 (82,5 x 63)
Max. Leistung (PS/min):	50/9000 (64/8000)
Max. Drehmoment (Nm/min):	43/7000 (61/6500)
Gemischaufbereitung:	Vergaser
Kraftübertragung:	5-Gang, Kardan
Starter:	Elektro
Fahrwerk:	Zentralrohr, Telegabel, Federbeine
Reifen (v/h):	3,50-19/130/90-16 (100/90-19/150/90-15)
Federweg (v/h):	139,5/85 (160/120) mm
Bremsen (v/h):	2 x Ø S 240/T Ø 160 mm
Gewicht:	218 (220 kg)
Radstand (mm):	1455 (1515)
Vmax (km/h):	160 (180)

VT 500 C
(1984-1986)

Die Chopper-Ausführung der VT 500 trug den Beinamen C. Sie stand zwischen 1983 und 1986 im Angebot und schmückte sich mit all den Accessoires, die Mitte der 80er einen Chopper auszeichneten: Viel Gummi am Hinterrad, vorn ein schmaler 18-Zöller in langer Gabel, Chrom, Stufensitzbank und Tropfentank: Das Gesamtpaket sorgte, bei flacherem Lenkkopfwinkel (56,5 Grad, E: 59,5 Grad) und längerem Nachlauf (127 mm gegenüber 125 mm) für zufriedene Mienen unter den Halbschalen-Helmen. Die 27-PS-Version wirkte allerdings ein wenig zugestopft, die 50-PS-Variante gefiel da mit einer Spitze von rund 160 km/h deutlich besser. Auf winkeligen, schnell gefahrenen Strecken geriet das sehr komfortabel abgestimmte Chassis allerdings an seine Grenzen.

Modell:	VT 500 C
Bauzeit:	1984–1986
Motor:	V2-Zyl., 4-Takt, flüssiggekühlt, 8 V
Hubraum:	491 ccm
Bohrung x Hub (mm):	71 x 62
Max. Leistung (PS/min):	50/8500
Max. Drehmoment (Nm/min):	47/7000
Gemischaufbereitung:	Vergaser
Kraftübertragung:	6-Gang, Kardan
Starter:	Elektro
Fahrwerk:	Doppelschleife, Telegabel, Federbeine
Reifen (v/h):	3,50-18/130/90-16
Federweg (v/h):	160/105 mm
Bremsen (v/h):	2 Ø S 238/T Ø 140
Gewicht:	201 kg
Radstand (mm):	1490
Vmax (km/h):	160

VT 600 C Shadow (1988-2000)

Der 1988 gezeigte Chopper bediente sich modifizierter Transalp-Technik. Zunächst leistete der Twin 41 PS, seit 1991 waren es nur noch 39 PS. Vier Gänge genügten dem VT-Treiber, 1993 kam ein um zwei auf 11 l vergrößerter Tank; 1996 spendierte Honda einen 5. Gang. Die Schwinge war direkt angelenkt und sah nach Starrahmen aus, ihr Zentralfederbein saß, gut versteckt, hinter den Seitendeckeln. Zehn Jahre lang behauptete die zunächst für 8780 Mark verkaufte Shadow ihre Position im Honda-Programm, erhielt aber zum Modelljahr 1997 mit der VT 750 C2 Konkurrenz im eigenen Hause. Auch optisch rückte sie nun etwas in den Hintergrund, ab 1998 gab es sie nur noch mit einfarbiger Lackierung. Technische Änderungen umfassten u. a. neue Einzelvergaser und Frischlufteinspritzung in die Auslasskanäle.

Modell:	VT 600 C
Bauzeit:	1988–2000
Motor:	V2-Zyl., 4-Takt, flüssiggekühlt, 6 V
Hubraum:	579 ccm
Bohrung x Hub (mm):	75 x 66
Max. Leistung (PS/min):	41/6500
Max. Drehmoment (Nm/min):	51/3500
Gemischaufbereitung:	Vergaser
Kraftübertragung:	4-Gang, Kette
Starter:	Elektro
Fahrwerk:	Doppelschleife, Telegabel, Zentralfederbeine
Reifen (v/h):	100/90-19/170/80-15
Federweg (v/h):	146/90 mm
Bremsen (v/h):	2 Ø S 296/T Ø 160
Gewicht:	207 kg
Radstand (mm):	1600
Vmax (km/h):	143

CB 650 C/SC
(1980–1983)

Die neue, ab Januar 1980 lieferbare CB 650 Custom sah aus wie jeder Softchopper jener Jahre: Serientriebwerk, kürzere Auspufftüten (in diesem Falle sogar vier), flacherer Lenkkopfwinkel, größerer Nachlauf; Buckhornlenker, Stufensitz – sattsam bekannte Zutaten, sattsam bekannt auch das Ergebnis: Nicht Fisch, nicht Fleisch, denn der Vierzylinder war zu unelastisch, um als Chopperantrieb zu taugen. Und das Fahrverhalten war noch weniger überzeugend als bei der Straßenmaschine. 1982 mutierte die C zur SC; besonders auffallend daran war die neue Linie von Tank und Spoilersitzbank. Zumindest die Optik gefiel nun deutlich besser, da aber sich technisch ansonsten kaum etwas geändert hatte, überzeugte die Honda immer noch nicht. In der 1982er Preisliste stand die 650er noch für 6807 Mark in der Liste (zuzüglich 165 Mark Nebenkosten), die SC kam auf 6998 Mark. Im SC-Trimm kaum zwei Jahre lieferbar, fiel die Modellreihe 1983 aus dem Programm für Deutschland.

Modell:	CB 650 SC
Bauzeit:	1982–1983
Motor:	4-Zyl., 4-Takt, ohc
Hubraum:	626 ccm
Bohrung x Hub (mm):	59,8 x 55,8
Max. Leistung (PS/min):	63/9000
Max. Drehmoment (Nm/min):	53/8000
Gemischaufbereitung:	Vergaser
Kraftübertragung:	5-Gang, Kette
Starter:	Elektro
Fahrwerk:	Doppelschleife, Telegabel, Federbeine
Reifen (v/h):	3,50-19/130/90-16
Federweg (v/h):	160/105 mm
Bremsen (v/h):	2 x Ø S 275/T Ø 160 mm
Gewicht:	219 kg
Radstand (mm):	1510
Vmax (km/h):	172

CB 750 C
(1980–1983)

1980 debütierte hierzulande die CB 750 C. Stufen-Sitzbank, fetter 16-Zöller an der Hinterhand, Hirschgeweih-Lenker und eine andere Fahrwerks-Geometrie verwandelten die bekannte Straßen-750er in einen stur geradeaus laufenden Chopper, der mit erheblichem Kraftaufwand um die Ecken geworfen werden wollte. Die Änderungen an Auspuffanlage und Vergaser hatten Hondas Reihen-Vierer allerdings nicht gut getan: Im *Motorrad*-Vergleichstest kassierte die 750 C eine herbe Niederlage. Platz 1 ging an Yamaha (XV 750), Rang 2 an Suzuki (GSX 750 L) und Platz 3 belegte die Z 750 LTD von Kawasaki. »Die Honda büßt ihr hohes Gewicht im Fahrverhalten und enttäuscht mit einem ... durchzugschwachen Motor mit spitzer Leistungscharakteristik ...«.

Modell:	CB 750 C
Bauzeit:	1980–1983
Motor:	4-Zyl., 4-Takt, dohc, 16 V
Hubraum:	749 ccm
Bohrung x Hub (mm):	62 x 62
Max. Leistung (PS/min):	77/9000
Max. Drehmoment (Nm/min):	66/7000
Gemischaufbereitung:	Vergaser
Kraftübertragung:	5-Gang, Kette
Starter:	Elektro
Fahrwerk:	Doppelschleife, Telegabel, Federbeine
Reifen (v/h):	110/90-19/130/90-16
Federweg (v/h):	160/95 mm
Bremsen (v/h):	2 x Ø S 275/T Ø 160 mm
Gewicht:	252 kg
Radstand (mm):	1535
Vmax (km/h):	175

VF 750 C
(1993-2000)

Dem vor allem in Europa stark wachsenden Chopper-Trend trug Honda für die Saison 1993 mit einem neuen Modell namens VF 750 C Rechnung. Zwar wurde dieser Name von dem Modell, wie es 1982 schon erschien, übernommen, doch technisch verband die beiden Maschinen nur das Bauprinzip des Motors. Wieder kam ein V4 mit 90 Grad Zylinderwinkel zum Einsatz, es entsprach weitgehend dem aus der RC 36 bekannten Aggregat. Optisch verfolgte die neue VF 750 C das Konzept des Cruisers, entsprechend verfügte der neue Chopper über eine lang gestreckte Design-Linie und mit 1655 mm über einen ausgeprägt langen Radstand. Wie die letzte Variante der VF 750 C, die auf den Beinamen Magna hörte, entließ auch dieses Modell das Abgas über eine tief verlegte 4-in-4-Anlage ins Freie.

Modell:	VF 750 C
Bauzeit:	1993–2000
Motor:	V4-Zyl., 4-Takt, dohc, flüssiggekühlt, 16 V
Hubraum:	748 ccm
Bohrung x Hub (mm):	70 x 48,6
Max. Leistung (PS/min):	88/9500
Max. Drehmoment (Nm/min):	86/7500
Gemischaufbereitung:	Vergaser
Kraftübertragung:	6-Gang, Kette
Starter:	Elektro
Fahrwerk:	Doppelschleife, Telegabel, Federbeine
Reifen (v/h):	110/90-17/130/90-15
Federweg (v/h):	150/100 mm
Bremsen (v/h):	S Ø 316/T Ø 180 mm
Gewicht:	251 kg
Radstand (mm):	1655
Vmax (km/h):	198

VT 750C/C2
(1997-2003)

Die erste VT 750 C von 1987 war ein Misserfolg und wich schon 1988 den Shadows; die VT 750 C2 von 1997 dagegen schlug sich prächtig. Im Gegensatz zur Ur-VT mit ihrem 45-Grad-V2 bediente sich die C2 der Technik aus der Africa Twin. Das sorgte für gute Fahrleistungen und einen tollen Sound. Die Optik überzeugte, die VT entpuppte sich als lupenreiner Cruiser, war aber wenig komfortabel: Die chromblitzenden Federbeine hatte nur 80 mm Federweg und traten lediglich bei gröbsten Fahr-bahnunebenheiten in Aktion. Dafür entschädigte allerdings der phänomenale Anzug des 45 PS-Choppers, schon ab Leerlaufdrehzahl förderte die C2 reichlich Kohlen aus dem Drehzahlkeller: Von 0 auf 100 km/h vergingen kaum fünf Sekunden, von 60 bis 140 km/h im höchstem Gang beschleunigte sie in 12,2 Sekunden.

Modell:	VT 750 C
Bauzeit:	1997–2003
Motor:	V2-Zyl., 4-Takt, flüssiggekühlt, 6 V
Hubraum:	745 ccm
Bohrung x Hub (mm):	79 x 76
Max. Leistung (PS/min):	45/5500
Max. Drehmoment (Nm/min):	63/3000
Gemischaufbereitung:	Vergaser
Kraftübertragung:	5-Gang, Kette
Starter:	Elektro
Fahrwerk:	Doppelschleife, Telegabel, Federbeine
Reifen (v/h):	3.00-17/3,50-15
Federweg (v/h):	145/80 mm
Bremsen (v/h):	S Ø 296/T Ø 180 mm
Gewicht:	249 kg
Radstand (mm):	1615
Vmax (km/h):	149

VT 750 Black Widow HONDA
(seit 2000)

Long and low, lang und niedrig hat ein Chopper zu sein, ohne überflüssigen Firlefanz. Wie so etwas auszusehen hatte, zeigten die Sportster-Modelle von Harley-Davidson. Zum Sommer 2000 gab es ein entsprechend geformtes Motorrad endlich auch beim Honda-Händler. Die Basis der in den USA entwickelten »schwarzen Witwe« bildete das 52-Grad-V2-Aggregat aus der VT 750, entsprechende Feinarbeit führte aber zu einem noch bulligeren Ansprechverhalten. Die Sitzhöhe von nur 675 mm, der eigenartig geformte Lenker, die düster wirkende Lackierung wie auch der schwarze Motor unterstrichen noch die Böse-Buben-Optik der trocken 221 kg schweren Honda-Sportster.

Modell:	VT 750 Black Widow
Bauzeit:	2000–
Motor:	V2-Zyl., 4-Takt, flüssiggekühlt, 6 V
Hubraum:	745 ccm
Bohrung x Hub (mm):	79 x 76
Max. Leistung (PS/min):	45/5500
Max. Drehmoment (Nm/min):	63/3000
Gemischaufbereitung:	Vergaser
Kraftübertragung:	5-Gang, Kette
Starter:	Elektro
Fahrwerk:	Doppelschleife, Telegabel, Federbeine
Reifen (v/h):	110/80-19/160/80-15
Federweg (v/h):	108/80 mm
Bremsen (v/h):	S Ø 296/T Ø 180 mm
Gewicht:	241 kg
Radstand (mm):	1640
Vmax (km/h):	155

Shadow 750
(seit 2004)

Bereits 1982 debütierte eine Honda mit dem 52-Grad-V2, und dieser tausendfach bewährte Twin verhalf auch der Shadow des Jahres 2004 zu standesgemäßen Fahrleistungen. Der größte Unterschied zu dem in VT 750 C2 und Black Widow verwendeten Triebwerk bestand in der neuen Optik von Kurbelgehäuse und Zylinderköpfen und den größer dimensionierten Haupt- und Pleuellagerzapfen. Viel wichtiger allerdings war die Umstellung von Ketten- auf Kardantrieb. Mit Katalysatoren bestückt und einem neuen Rahmen gesegnet, der die derzeit niedrigste Sitzhöhe in dieser Klasse ermöglichte, rollte der 46 PS starke und in den USA gebaute Cruiser für 6990 Euro zu den deutschen Kunden.
Für die neue Shadow entwickelte Honda ein umfangreiches Zubehörprogramm.

Modell:	Shadow 750
Bauzeit:	2004–
Motor:	V2-Zyl., 4-Takt, flüssiggekühlt, 6 V
Hubraum:	745 ccm
Bohrung x Hub (mm):	79 x 76
Max. Leistung (PS/min):	46/5500
Max. Drehmoment (Nm/min):	64/3000
Gemischaufbereitung:	Vergaser, U-Kat
Kraftübertragung:	5-Gang, Kardan
Starter:	Elektro
Fahrwerk:	Doppelschleife, Telegabel, Federbeine
Reifen (v/h):	120/90-17/160/80-15
Federweg (v/h):	116/90 mm
Bremsen (v/h):	S Ø 296/T Ø 180
Gewicht:	254 kg
Radstand (mm):	1639
Vmax (km/h):	k. A.

VT 1100 C
(1988 – 1993)

Eindeutig die Sportster-Fahrer hatte Honda im Visier, als es zum Modelljahr 1988 im amerikanischen Zweigwerk die VT 1100 C Shadow vom Band rollen ließ. Entsprechend verfügte sie über einen 45-Grad-V-Motor mit Wasserkühlung. Die Betätigung der jeweils drei Ventile pro Zylinder erfolgte über je eine obenliegende Nockenwelle und Kipphebel. Für niedrige Inspektionskosten sorgte der hydraulische Ventilspielausgleich. Wie bei der kleineren Shadow hielt Honda durch einen Hubzapfenversatz von 90 Grad auf der einteilig geschmiedeten und gleitgelagerten Kurbelwelle die enormen Massenkräfte in Zaum. Der Doppelrohrrahmen erledigte seine Aufgaben tadellos, zumindest so lange es geradeaus ging. Fahrfertig brachte die 62 PS starke Shadow rund 265 kg auf die Waage. Im Bild eine für Österreich bestimmte VT von 1993.

Modell:	VT 1100 C
Bauzeit:	1988–1993
Motor:	V2-Zyl., 4-Takt, flüssiggekühlt, 6 V
Hubraum:	1099 ccm
Bohrung x Hub (mm):	87,5 x 91,4
Max. Leistung (PS/min):	62/5500
Max. Drehmoment (Nm/min):	98/3000
Gemischaufbereitung:	Vergaser
Kraftübertragung:	4-Gang, Kardan
Starter:	Elektro
Fahrwerk:	Doppelschleife, Telegabel, Federbeine
Reifen (v/h):	110/90-19/170/80-15
Federweg (v/h):	160/100 mm
Bremsen (v/h):	S Ø 336/T Ø 180 mm
Gewicht:	265 kg
Radstand (mm):	1650
Vmax (km/h):	163

VT 1100 C2/3
(1995 – 2000)

Die Cruiser-Variante der Shadow erschien Ende 1994 und unterschied sich vor allem optisch von dieser. Die technischen Änderungen umfassten einen anderen Hubzapfenversatz sowie Korrekturen an Leistung und Drehmoment. Dazu kam ein neues Fünfganggetriebe und eine nicht länger per Hydraulik zu betätigende Kupplung. Die neue C2 ACE (American Classic Edition) baute weitgehend auf demselben Rahmen auf wie die bisherige VT-C. Die noch üppiger mit Chrom behängte C3 »Aero« von 1998 sah noch mehr nach Cruiser aus, hatte einen um 28 mm längeren Radstand, eine andere Auspuffführung, mehr Drehmoment und 18 kg mehr Gewicht. Zum Modelljahr 2001 stand sie nicht mehr im Programm für Deutschland.

Modell:	VT 1100 C2
Bauzeit:	1995–2000
Motor:	V2-Zyl., 4-Takt, flüssiggekühlt, 6 V
Hubraum:	1099 ccm
Bohrung x Hub (mm):	87,5 x 91,4
Max. Leistung (PS/min):	52/4750
Max. Drehmoment (Nm/min):	84/2500
Gemischaufbereitung:	Vergaser
Kraftübertragung:	5-Gang, Kardan
Starter:	Elektro
Fahrwerk:	Doppelschleife, Telegabel, Federbeine
Reifen (v/h):	140/80-17/170/80-15
Federweg (v/h):	126/95 mm
Bremsen (v/h):	S Ø 316/S Ø 276 mm
Gewicht:	298 kg
Radstand (mm):	1678
Vmax (km/h):	156

VF 1100 C
(1984–1986)

Der hubraumstärkste V4-Motor, den Honda bis dahin gebaut hatte, hatte 1098 cm^3 Hubvolumen und in der offenen Version eine Leistung von 120 PS. Soweit es die Fahrstabilität betraf, kämpfte die stärkere und deutlich schwerere VF 1100 C mit noch mehr Problemen als es die 750er schon tat. Vor allem im Bereich der Höchstgeschwindigkeit leitete der Fahrer über den breiten, übrigens in zwei Ebenen einstellbaren Hochlenker merklich Unruhe ins VF-Chassis ein. Sitzposition und Fahrgefühl waren aber eng mit der VF 750 C verwandt, doch der drehmomentstärkere Motor passte besser zum Konzept eines Choppers, stand doch bereits ab 3000/min reichlich Kraft zum lässigen Dahingleiten zur Verfügung.

Modell:	VF 1100 C
Bauzeit:	1984–1986
Motor:	V4-Zyl., 4-Takt, dohc, flüssiggekühlt, 16 V
Hubraum:	1098 ccm
Bohrung x Hub (mm):	79,5 x 55,3
Max. Leistung (PS/min):	100/8500
Max. Drehmoment (Nm/min):	90/7000
Gemischaufbereitung:	Vergaser
Kraftübertragung:	6-Gang, Kardan
Starter:	Elektro
Fahrwerk:	Doppelschleife, Telegabel, Federbeine
Reifen (v/h):	110/90-18/140/90-16
Federweg (v/h):	160/115 mm
Bremsen (v/h):	2 x S Ø 276/S Ø 296 mm
Gewicht:	266 kg
Radstand (mm):	1595
Vmax (km/h):	210

F6C
(seit 1996)

Modell:	F6 C
Bauzeit:	1996–
Motor:	6-Zyl., Boxer, flüssiggek.
Hubraum:	1520 ccm
Bohrung x Hub (mm):	71 x 64
Max. Leistung (PS/min):	102/6000
Max. Drehmoment (Nm/min):	130/4500
Gemischaufbereitung:	Vergaser
Kraftübertragung:	5-Gang, Kardan
Starter:	Elektro
Fahrwerk:	Doppelschleife, Upside-down, Federbeine
Reifen (v/h):	150/80-17/180/70-16
Federweg (v/h):	130/120 mm
Bremsen (v/h):	2 x S Ø 296/S Ø 316 mm
Gewicht:	335 kg
Radstand (mm):	1690
Vmax (km/h):	207

Der Über-Crusier mit dem Gold-Wing-Sechszylindermotor wurde 1996 in Los Angeles vorgestellt und war alsbald auch in Europa zu haben. Gebaut im amerikanischen Wing-Werk, setzte Honda mit viel Chrom und noch mehr wuchtigem Blech voll auf Cruiser-Optik. Die Armaturen saßen auf der Gabelbrücke und nicht auf dem Tank. Jeder Zylinder wurde von einem eigenen Vergaser versorgt, andere Nockenwellen sowie eine modifizierte 6-in-2-Auspuffanlage entsorgte das von ungeregelten Katalysatoren gereinigte Abgas. Im Fahrbetrieb gab sich die 335 kg schwere Honda vergleichsweise handlich, trotz des gewaltigen Radstandes.

VTX 1300 S
(seit 2003)

Die kleinere Schwester der Über-Cruiser VTX 1800 erschien zum Modelljahr 2003 4800 Euro günstiger, aber mit einem Trockengewicht von 300 kg kaum leichter als die 1800er, war die kleine VTX immer noch ein mächtig imposantes Möbel, das sich von der großen Schwester unter anderem durch die Auspuffanlage, die Drahtspeichenräder und die Bremsanlage unterschied. Die technischen Unterschiede betrafen vor allem die Kraftstoffversorgung, anstelle von PGM-Einspritzung und G-Kat übernahm hier ein 38er Gleichdruckvergaser die Gemischaufbereitung. Ein ungeregelter Katalysator war an Bord. Der 75 PS starke Twin protzte mit einem Drehmoment von 123 Nm, im Fahrbetrieb allerdings blieb der ganze große Schwung aus dem Drehzahlkeller aus. Dafür allerdings gab sich die VTX überraschend handlich und kurventauglich, die Federelemente waren allerdings ein wenig zu straff abgestimmt, so dass auf schlechten Landstraßen sich der rechte Cruisergenuss nicht einstellen wollte. Schade, dass die USD-Gabel der VTX 1800 einer konventionellen 41er Telegabel hatte weichen müssen.

Modell:	VTX 1300 S
Bauzeit:	2003–
Motor:	V2-Zyl., 4-Takt, flüssiggekühlt, 6 V
Hubraum:	1312 ccm
Bohrung x Hub (mm):	89,5 x 104,3
Max. Leistung (PS/min):	75/5000
Max. Drehmoment (Nm/min):	123/3000
Gemischaufbereitung:	Vergaser, U-Kat
Kraftübertragung:	5-Gang, Kardan
Starter:	Elektro
Fahrwerk:	Doppelschleife, Telegabel, Federbeine
Reifen (v/h):	140/80-17/170/80-17
Federweg (v/h):	130/94 mm
Bremsen (v/h):	S Ø 336/S Ø 296
Gewicht:	320 kg
Radstand (mm):	1669
Vmax (km/h):	170

VTX 1800
(seit 2001)

Keine war größer: der 52-Grad-V2 der VTX war der größte Serientwin der Welt. Mit diesem Chopper der Superlative stahl Honda zur Intermot einmal mehr der Konkurrenz die Schau. Gewaltige 1,8 Liter Hubraum verteilten sich auf zwei mächtige Zylinder im 52-Grad-Winkel, drei Ventile pro Zylinderkopf sorgten für den Gaswechsel, und jeweils zwei Zündkerzen sorgten für eine effiziente Verbrennung. Eine Einspritzanlage, Digitalzündung und Katalysator waren weitere Highlights, mit denen die trocken 320 kg schwere VTX punkten konnte. Ein massiver Stahlrohrrahmen hielt die Urgewalt des 105 PS starken Bigtwins in Zaum. Vorne führte eine Upside-down-Teleskopgabel den üppig besohlten 18-Zöller, hinten kam eine Stahlschwinge mit konventionellen Federbeinen zum Einsatz.

Modell:	VTX
Bauzeit:	2001–
Motor:	V2-Zyl., 4-Takt, flüssiggekühlt, 6 V
Hubraum:	1795 ccm
Bohrung x Hub (mm):	101 x 112
Max. Leistung (PS/min):	105/5000
Max. Drehmoment (Nm/min):	163/3000
Gemischaufbereitung:	Einspritzung, G-Kat
Kraftübertragung:	5-Gang, Kardan
Starter:	Elektro
Fahrwerk:	Zentralrohr, USD-Gabel, Federbeine
Reifen (v/h):	130/70-18/180/70-16
Federweg (v/h):	130/100
Bremsen (v/h):	2 x S Ø 296/S Ø 316 mm, CBS
Gewicht:	335 kg
Radstand (mm):	1715
Vmax (km/h):	k. A.

SL 125
(1972 – 1976)

Die SL-Modellreihe debütierte Ende 1969 und entsprach auch optisch den amerikanischen Vorstellungen eine Gelände-Motorrads. Hubraumstärkste Vertreterin der neuen SL-Familie (die außerdem aus den Einzylindern SL 90 und 125 sowie einem 175er Twin bestand) war die SL 350, eine Zweizylinder-Enduro, die als Motosport 350 in den USA vermarktet wurde. In Europa bekannt wurden die Honda-Scrambler vor allem aber durch die SL 125 von 1972, die in jeder Beziehung überzeugte. Technisch entsprach sie der CB 125 S, die Unterschiede im Fahrwerk betrafen die Verwendung eines 21-Zöllers vorn und eines 18-Zöllers hinten. Echter Geländesport gehörte allerdings nicht zu ihren Domänen.

Modell:	SL 125
Bauzeit:	1972–1976
Motor:	1-Zyl., 4-Takt
Hubraum:	122 ccm
Bohrung x Hub (mm):	56 x 49,5
Max. Leistung (PS/min):	12/9000
Max. Drehmoment (Nm/min):	9,81/9000
Gemischaufbereitung:	Vergaser
Kraftübertragung:	5-Gang, Kette
Starter:	Kick
Fahrwerk:	Zentralrohr, Telegabel, Federbeine
Reifen (v/h):	2,75-21/3,25-18
Federweg (v/h):	125/70 mm
Bremsen (v/h):	T Ø 110 mm/T Ø 110 mm
Gewicht:	104 kg
Radstand (mm):	1275
Vmax (km/h):	103

XL 125
(1976–1979)
XLR 125 R
(1998–2000)

Die XL 125 erschien 1976 im Look der größeren XL 250, hatte aber nicht deren Vierventil-Zylinderkopf, sondern den aus der SL bekannten Zweiventiler. Der bewährte Eintopf leistete im XL-Trimm 13 PS, war also um ein PS kräftiger als in der SL, was am geänderten Vergaser und an der geringfügig modifizierten Nockenwelle lag. Ganz neu war auch das Auspuffsystem. Räder, Bremsen und Elektrik stammten aus der Vorgängerin, die Telegabel und der Rahmen waren neu. Die 125er verschwand 1978 vom deutschen Markt, um 1998 in Gestalt der XLR 125 neu zu erstehen: Mit deren Einzylinder-Viertaktmotor, aber dem Chassis der XR 200-Enduro – gut auch für mittlere Geländeeinlagen.

Modell:	XL 125
Bauzeit:	1976–1979
Motor:	1-Zyl., 4-Takt
Hubraum:	124 ccm
Bohrung x Hub (mm):	56,5 x 49,5
Max. Leistung (PS/min):	13/9400
Max. Drehmoment (Nm/min):	9,81/9000
Gemischaufbereitung:	Vergaser
Kraftübertragung:	5-Gang, Kette
Starter:	Kick
Fahrwerk:	Zentralrohr, Telegabel, Federbeine
Reifen (v/h):	2,75-21/3,50-18
Federweg (v/h):	125/70 mm
Bremsen (v/h):	T Ø 120/T Ø 110 mm
Gewicht:	109 kg
Radstand (mm):	1315
Vmax (km/h):	103

XR 125 L
(seit 2003)

Die Ende 2002 angekündigte, tatsächlich aber erst Mitte 2003 lieferbare XR 125 L erinnerte im Design an die Offroad-Rennmaschinen von Honda. Für den Antrieb des Baby-Crossers – der mit einer Sitzhöhe von 820 mm auch für kleinere Fahrer beherrschbar war – sorgte der Jahrzehnte alte Einzylinder-Viertakter mit einer Leistung von 11 PS. Er wurde per E-Starter zum Leben erweckt, die Kraftstoffversorgung erfolgte über einen 22-mm-Vergaser. Die Auspuffanlage endete, Offroad-gerecht, unter der Bank. Für harte Geländeeinsätze war der durchzugsschwache Single aber nicht geeignet, die Straße war sein Revier. Und dort bot die pfiffige XR 125 L Neulingen und Wiedereinsteigern viel Fahrvergnügen zum Schnäppchenpreis: Nur 2890 Euro wurden für die in Brasilien gebaute Honda aufgerufen.

Modell:	XR 125 L
Bauzeit:	2003–
Motor:	1-Zyl., 4-Takt
Hubraum:	124 ccm
Bohrung x Hub (mm):	56,5 x 49,5
Max. Leistung (PS/min):	11/8500
Max. Drehmoment (Nm/min):	10/7000
Gemischaufbereitung:	Vergaser
Kraftübertragung:	5-Gang, Kette
Starter:	Elektro
Fahrwerk:	Einschleife mit doppelte Unterzüge, Telegabel, Zentralfederbein
Reifen (v/h):	90/90-19/110/90-17
Federweg (v/h):	180/160 mm
Bremsen (v/h):	S Ø 240/T Ø 110
Gewicht:	116 kg trocken
Radstand (mm):	1350
Vmax (km/h):	k. A.

CLR 125
(1998-2000)

Die kleine Schwester der SLR 650 löste die in Deutschland nicht angebotene NX 125 ab. Sie erschien Mitte 1998 und verfügte über den bereits aus der XLR 125 R bekannten ohc-Single mit CDI-Zündung, E-Starter und Fünfgang-Getriebe. Mit dem 118 kg schweren Scrambler sprach Honda in erster Linie Motorrad-Einsteiger an, die ihr Funbike überwiegend im Stadtverkehr bewegten. Komfortable Federelemente, eine bequeme Sitzbank, der 12 Liter fassende Benzintank, ein großer Scheinwerfer mit 60/55-W-Birne und ein kleiner Gepäckträger machten die CityFly zur interessanten Enduro-Alternative. Gegenüber der XLR bot sie mit kleinerem 19-Zoll-Vorderrad und 17-Zoll-Hinterrad und niedriger Sitzhöhe das klar alltagtauglichere Konzept. Ein pfiffiges Detail war das Staufach für ein Bügelschloss unter der abschließbaren Sitzbank.

Modell:	CLR 125 CityFly
Bauzeit:	1998–2000
Motor:	1-Zyl., 4-Takt
Hubraum:	124
Bohrung x Hub (mm):	56,5 x 49,5
Max. Leistung (PS/min):	11,4/8250
Max. Drehmoment (Nm/min):	10,4/6500
Gemischaufbereitung:	Vergaser
Kraftübertragung:	5-Gang, Kette
Starter:	Elektro
Fahrwerk:	Zentralrohr, Telegabel, Zentralfederbein
Reifen (v/h):	90/90-19/110/90-17
Federweg (v/h):	180/140 mm
Bremsen (v/h):	S Ø 240/T Ø 110 mm
Gewicht:	118 kg (trocken)
Radstand (mm):	100
Vmax (km/h):	103

Varadero 125
(seit 2001)

Auf der Intermot 2000 stellte Honda die kleine Varadero vor. Sie ersetzte die Cityfly ebenso wie die XLR 125. Für Vortrieb sorgte der aus der VT 125 bekannte 90-Grad-V2 mit Wasserkühlung und Transistorzündung. Die Kraftstoffversorgung übernahmen zwei Gleichdruck-Flachschiebervergaser, ein butterweich zu schaltendes Fünfganggetriebe reichte die Kraft der 15 PS per O-Ring-Kette an den 17-Zöller im Hinterrad weiter. Für eine 125er ganz schön erwachsen fiel die Sitzhöhe mit 800 mm aus, ein ebenso stattlicher Wert wie das Trockengewicht von 149 kg.

Modell:	Varadero 125
Bauzeit:	2001–
Motor:	V2-Zyl., 4-Takt, flüssiggekühlt
Hubraum:	124,7 ccm
Bohrung x Hub (mm):	42 x 45
Max. Leistung (PS/min):	15/11.000
Max. Drehmoment (Nm/min):	10,5/9500
Gemischaufbereitung:	Vergaser
Kraftübertragung:	5-Gang, Kette
Starter:	Elektro
Fahrwerk:	Doppelschleife, Telegabel, Zentralfederbein
Reifen (v/h):	100/90-18/130/80-17
Federweg (v/h):	150/150 mm
Bremsen (v/h):	S Ø 276/S Ø 220 mm
Gewicht:	149 kg (trocken)
Radstand (mm):	1450
Vmax (km/h):	100

XL 185 S/ 200 R
(1980-1984)

Die Nachfolge der XL 125 trat die neue XL 185 S an. Optisch an die neue Enduro-Linie von Honda angeglichen, blieb es bei der konventionellen Zweiventil-Technik. Ausgeliefert wurde sie mit zehn wie auch 16 PS und verkraftete dank üppiger Federwege und großer Bodenfreiheit auch derbere Gelände-Einlagen. Abgelöst wurde sie 1983 durch die XL 200, der sie ihren Rahmen vererbte.

Im Vergleich zum Vormodell hatte die 200er einen größeren Radstand. Vorn kam eine luftunterstützte Teleskopgabel mit 35er Standrohren und 220 mm Federweg zum Einsatz. Die Hinterradfederung erfolgte über eine progressiv wirkende Pro-Link-Hebelei auf das stehende Federbein. Eher mäßig allerdings die Vorstellung in punkto Bremsen wie auch im Gelände.

Modell:	XL 185 S
Bauzeit:	1980–1983
Motor:	1-Zyl., 4-Takt
Hubraum:	178 ccm
Bohrung x Hub (mm):	63 x 57,8
Max. Leistung (PS/min):	10/6500
Max. Drehmoment (Nm/min):	13/4500
Gemischaufbereitung:	Vergaser
Kraftübertragung:	5-Gang
Starter:	Kick
Fahrwerk:	Zentralrohr, Telegabel, Federbeine
Reifen (v/h):	2,75-21/4,10-18
Federweg (v/h):	165/122 mm
Bremsen (v/h):	T Ø 120 mm/T Ø 110 mm
Gewicht:	118 kg
Radstand (mm):	1310
Vmax (km/h):	93

Abgelöst wurde sie durch die leichtere und spritzigere MTX 200 R.

MTX 200 R
(1983 – 1988)

Die 1983 präsentierte Zweitakt-Enduro MTX 200 R blieb bis 1988 im Programm und entsprach, mehr noch als die anderen XL-Typen, dem Ideal einer leichten, wendigen Geländemaschine. Ihr kurzhubiger Einzylinder-Motor verfügte über Wasserkühlung, Ausgleichswelle und Membran-Einlass; für mehr Dampf im unteren Drehzahlbereich sorgte das ATAC-Auslasssystem mit zusätzlicher Resonanzkammer neben dem Auslasskanal. Der spritzige Zweitakter begeisterte schon bei niedrigen Drehzahlen. Zunächst verfügte die MTX noch über einen einfachen Rohrrahmen mit an der Schwinge montierten Sozius-Fußrasten. 1985 kam ein neues Fahrwerk mit Vierkant-Rahmen, die Sozius-Fußrasten hatten rahmenfeste Ausleger. Außerdem gab es eine Scheibenbremse im Vorderrad.

Modell:	MTX 200 R
Bauzeit:	1983–1988
Motor:	1-Zyl., 2-Takt, flüssiggekühlt
Hubraum:	194 ccm
Bohrung x Hub (mm):	67 x 55
Max. Leistung (PS/min):	26,5/7500
Max. Drehmoment (Nm/min):	25/7000
Gemischaufbereitung:	Vergaser
Kraftübertragung:	6-Gang, Kette
Starter:	Kick
Fahrwerk:	Zentralrohr, Telegabel, Zentralfederbein
Reifen (v/h):	2,75-21/4,10-18
Federweg (v/h):	230/200 mm
Bremsen (v/h):	S Ø 240 mm/T Ø 110 mm
Gewicht:	121 kg
Radstand (mm):	1345
Vmax (km/h):	121

XL 250 K/S
(1974 – 1982)

Die XL 250 erschien 1972, kam aber erst 1974 nach Deutschland. Sie hatte einen Vierventil-Motor mit 248 ccm Hubraum und leistete 22 PS bei 8000/min. Ende 1975 wurde die XL dann erheblich überarbeitet, erkenntlich an der neuen Auspuffanlage, die nun rechtsseitig verlegt war. Die nunmehrige XL 250 K hatte ein direkt über dem Vorderreifen montiertes Schutzblech. Die letzten Exemplare wurden 1978 mit 17 PS parallel zur neuen XL 250 S verkauft. Diese bot dank der beiden Ausgleichswellen mehr Laufkultur. Das Fahrwerk hatte gegenüber dem Vormodell gewaltig zugelegt, was vor allem auf die Federwege und das 23-Zoll-Vorderrad zutraf. Nach leichten Design-Retuschen für das Modelljahr 1980, als bei allen S-Modellen die Kotflügel hochgelegt wurden, kam 1982 die XL in einer völlig überarbeiteten Neuauflage.

Modell:	XL 250 S
Bauzeit:	1978–1982
Motor:	1-Zyl., 4-Takt
Hubraum:	248 ccm
Bohrung x Hub (mm):	74 x 57,8
Max. Leistung (PS/min):	20/7500
Max. Drehmoment (Nm/min):	19,5/6500
Gemischaufbereitung:	Vergaser
Kraftübertragung:	5-Gang, Kette
Starter:	Kick
Fahrwerk:	Zentralrohr, Telegabel, Federbeine
Reifen (v/h):	3,00-23/4,60-18
Federweg (v/h):	204/178 mm
Bremsen (v/h):	T Ø 140/T Ø 140 mm
Gewicht:	148 kg
Radstand (mm):	1390
Vmax (km/h):	120

XL 250 R
(1982 – 1988)

Die neue Enduro-Generation mit dem Zusatz R in der Verkaufsbezeichnung unterschied sich vor allem durch das Fahrwerk von den unmittelbaren Vorgängern. Der nach unten offene Einrohrrahmen, die nadelgelagerte Pro-Link-Schwinge und die neue 35er Telegabel mit teflonbeschichteten Gleitbuchsen waren eine Anleihe aus den Cross-XR-Modellen. Mit 215 mm Federweg vorn und 190 mm hinten meisterte die 250er nahezu jedes Schlagloch. Für weitere Verbesserungen sorgten die neu dimensionierten Räder und Reifen. Bei der zweiten XL 250 R-Generation von 1985 handelte es sich um eine Neukonstruktion mit neuem Chassis sowie neuem Motor mit vier radial angeordneten Ventilen. Das neugezeichnete Doppelschleifen-Fahrgestell mit längeren Federwegen verkraftete nun auch klaglos härtere Geländeeinsätze.

Modell:	XL 250 R
Bauzeit:	1985–1988
Motor:	1-Zyl., 4-Takt, 4 V
Hubraum:	245 ccm
Bohrung x Hub (mm):	74 x 56,5
Max. Leistung (PS/min):	17/7000
Max. Drehmoment (Nm/min):	17,5/5500
Gemischaufbereitung:	Vergaser
Kraftübertragung:	6-Gang, Kette
Starter:	Kick
Fahrwerk:	Doppelschleife, Telegabel, Zentralfederbein
Reifen (v/h):	3,00-21/4,60-17
Federweg (v/h):	254/244 mm
Bremsen (v/h):	T Ø 130/T Ø 110 mm
Gewicht:	124 kg
Radstand (mm):	1365
Vmax (km/h):	110
Anmerkung:	Daten beziehen sich auf XL 250 R, 1985.

NX 250
(1988 – 1994)

Mit der ab April 1988 lieferbaren NX 250 richtete sich Honda in erster Linie an die Motorrad-Einsteiger. Zum Dominator-Outfit mit rahmenfester Verkleidung spendierten die Techniker auch einen neuen, wassergekühlten Motor mit vier Ventilen und Ausgleichswelle. Das Enduro-Leichtgewicht war sowohl mit 17 wie auch mit 26 PS lieferbar und nahm schon aus niedrigen Drehzahlen heraus willig Gas an. Auf engen Landsträßchen begeisterte das breitbesohlte Fahrwerk mit 19- und 16-Zoll großen Drahtspeichenrädern durch spielerisches Handling. Größere Modifikationen gab es lediglich für das 93er Modell, bei dem ein geringfügig im Hubraum reduzierter Motor zum Einsatz kam. Ungedrosselt setzte die NX nunmehr 23 PS bei 8000/min frei. Kennzeichen dieser zweiten NX war der Dominator-Schriftzug auf der Verkleidung.

Modell:	NX 250
Bauzeit:	1988–1994
Motor:	1-Zyl., 4-Takt, flüssiggekühlt, 4 V
Hubraum:	249 ccm
Bohrung x Hub (mm):	70 x 64,8
Max. Leistung (PS/min):	26/8500 (17/7000)
Max. Drehmoment (Nm/min):	23,5/7000 (17,6/5000)
Gemischaufbereitung:	Vergaser
Kraftübertragung:	6-Gang, Kette
Starter:	Elektro
Fahrwerk:	Brückenrahmen, Telegabel, Zentralfederbein
Reifen (v/h):	90/100-19 /120/90-16
Federweg (v/h):	220/200 mm
Bremsen (v/h):	S Ø 240/T Ø 110 mm
Gewicht:	127 kg
Radstand (mm):	1350
Vmax (km/h):	128 (118)

CL 250/450
(1970–1972) HONDA

Nur für kurze Zeit standen die CL 250/450-Typen im deutschen Lieferprogramm. Technisch entsprachen sie den Straßenmodellen; auch der Rahmen, eine Kombination aus Stahlrohren und Blechpressteilen, war identisch. Die Abweichungen beschränkten sich, im Falle etwa der CL 450, auf ein 19-Zoll-Vorderrad, einen kleineren 9-Liter-Tank, die Auspuffanlage und den breiten Lenker. Die 450er Scrambler leistete 43 PS bei 8000/min, das maximale Drehmoment lag, im Vergleich zur CB 450, geringfügig höher bei leicht verringerten Drehzahlen. Wie auch die CB gab es die CL 450 in verschiedenen K1 bis K5-Varianten, die sich lediglich in Details differierten. Die CL tauchten 1972 letztmals in den Preisliste auf; bei der CL 250 S von 1982 handelt es sich dann um einen Scrambler mit der Technik der CB 250 RS.

Modell:	CL 250 (450)
Bauzeit:	1970–1972
Motor:	2-Zyl., 4-Takt
Hubraum:	249 (444) ccm
Bohrung x Hub (mm):	56 x 50,6 (70 x 57,8)
Max. Leistung (PS/min):	26/10.150 (43/8000)
Max. Drehmoment (Nm/min):	21,4/9250 (40/7000)
Gemischaufbereitung:	Vergaser
Kraftübertragung:	5-Gang, Kette
Starter:	Kick/Elektro
Fahrwerk:	Pressstahl/Stahlrohr, Telegabel, Federbeine
Reifen (v/h):	3,00-18/3,25-18 (h: 3,50-18)
Federweg (v/h):	k. A.
Bremsen (v/h):	T Ø 200/T Ø 180 mm
Gewicht:	170 (182) kg
Radstand (mm):	1321 (1375)
Vmax (km/h):	140 (165)

XL 350 R
(1985–1988)

Geringe Einstandskosten und wenig Gewicht lautete das Motto der neuen XL 350 R von 1985, die im Grunde ihrer Ölwanne nichts anderes als eine Neuauflage der bekannten Vorjahres-XL 250 R darstellte. Versehen mit einem anderen Verhältnis von Bohrung und Hub, 39er Standrohren und 220 mm Federweg und vernünftiger Scheibenbremse mit Doppelkolbenzange anstelle der mickrigen 250er-Bremsdöschen, trat Honda mit der notorisch startunwilligen Leicht-Enduro gegen die ebenfalls neue XT 350 des Erzrivalen Yamaha an. Auch wenn die XL 350 R als feiner Geländeflitzer galt, fand sie dennoch nicht genügend Käufer, so dass die letzten Exemplare auf 17 PS gedrosselt wurden. Restbestände standen vereinzelt noch bis Anfang der 90er beim Händler.

Modell:	XL 350 R
Bauzeit:	1985–1988
Motor:	1-Zyl., 4-Takt, 4 V
Hubraum:	339 ccm
Bohrung x Hub (mm):	84 x 61,3
Max. Leistung (PS/min):	27/7500
Max. Drehmoment (Nm/min):	26/6500
Gemischaufbereitung:	Vergaser
Kraftübertragung:	6-Gang, Kette
Starter:	Kick
Fahrwerk:	Zentralrohr, Telegabel, Zentralfederbein
Reifen (v/h):	3,00-21/5,10-17
Federweg (v/h):	220/205 mm
Bremsen (v/h):	S Ø 240/T Ø 110 mm
Gewicht:	123 kg
Radstand (mm):	1420
Vmax (km/h):	134

XL 500 S
(1979–1985)

Mit der XL 500 S präsentierte Honda eine Enduro mit modernem Vierventil-Einzylinder und Ausgleichswelle, der offen 34 PS leistete. »Vibriert nur in bescheidenem Maße«, stellte ein Tester fest, und »überflügelt ihre Konkurrenten im mittleren und oberen Drehzahlbereich.« Damals ungewöhnlich: die Auspuffanlage mit zwei Krümmern, noch ungewöhnlicher allerdings das riesige 23-Zoll-Vorderrad. Zu ihren Schwachstellen gehörte die 6-Volt-Lichtanlage wie auch die Trommelbremsen. 1980 wurden diese vergrößert, doch die Bremsleistung blieb schlecht. Außerdem wurden, wie bei allen XL-Modellen, der vordere Kotflügel hochgelegt. Die Modelle des Jahres 1981 waren an den Faltenbälgen an der Telegabel und der Kastenschwinge zu erkennen.

Modell:	XL 500 S
Bauzeit:	1979–1982
Motor:	1-Zyl., 4-Takt, 4 V
Hubraum:	498 ccm
Bohrung x Hub (mm):	89 x 80
Max. Leistung (PS/min):	27/5500
Max. Drehmoment (Nm/min):	31/6250
Gemischaufbereitung:	Vergaser
Kraftübertragung:	5-Gang, Kette
Starter:	Kick
Fahrwerk:	Zentralrohr, Telegabel, Federbeine
Reifen (v/h):	3,00-23/4,60-18
Federweg (v/h):	204/178 mm
Bremsen (v/h):	T Ø 140/T Ø 130 mm
Gewicht:	142 kg
Radstand (mm):	1390
Vmax (km/h):	138

XL 500 R
(1982–1985)

Auf das Erscheinen der Yamaha XT 550 reagierte Honda mit der XL 500 R. Die neue Halbliter-Enduro erschien im Februar 1982 und glänzte durch ihr neues Fahrwerk mit Pro-Link-Schwinge, luftunterstützter Telegabel und 21-Zoll-Vorderrad. Ausgesprochen schweres Gelände war allerdings nicht die Domäne der Honda-Enduro, sie war ein wieselflinker Kurvenkünstler, der atemberaubende Schräglagen erlaubte. Nur im ersten Jahr war die XL 500 R auch in einer Paris-Dakar-Version mit mächtigem 21-Liter Tank, modifizierter Sitzbank und entsprechender Farbgebung erhältlich. Insgesamt wurden hierzulande etwa 20.000 XL 500 verkauft, darunter rund 9000 R-Modelle.

Modell:	XL 500 R
Bauzeit:	1982–1985
Motor:	1-Zyl., 4-Takt, 4 V
Hubraum:	498 ccm
Bohrung x Hub (mm):	89 x 80
Max. Leistung (PS/min):	27/5500
Max. Drehmoment (Nm/min):	39/4000
Gemischaufbereitung:	Vergaser
Kraftübertragung:	5-Gang, Kette
Starter:	Kick
Fahrwerk:	Zentralrohr, Telegabel, Zentralfederbein
Reifen (v/h):	3,00-21/4,60-17
Federweg (v/h):	215/190 mm
Bremsen (v/h):	T Ø 130/T Ø 110 mm
Gewicht:	152 kg
Radstand (mm):	1405
Vmax (km/h):	136

XL 600 R/ RM/LM
(1983-1988)

Herzstück der XL-500-Ablösung war ein neuer Einzylinder mit 589 ccm, halbkugelförmigem Brennraum und vier im Zylinderkopf radial angeordneten Ventilen. Die Ventilbetätigung erfolgte über Kipp- und Zwischenhebel. Allerdings bot der Honda-Single eher mäßige Durchzugswerte und erfüllte erst bei höheren Drehzahlen alle Erwartungen. Die 600 R erschien im Januar 1983 zum Start der Rallye Paris-Dakar; eine zweite Dakar-Variante verfügte über einen größeren Tank. 1985 folgten die RM und die LM-Typen. Von der bisherigen XL 600 stammten nur der Vierventil-Zylinderkopf sowie die Telegabel. Der Rest war praktisch neu. In ungedrosseltem Zustand mobilisierte die LM 44 PS bei 6500/min. Mit 27 PS gab es nur die etwas zivilere LM-Variante namens RM mit 13-L-Tank und Einfach- statt Doppelscheinwerfer. Beide Großenduros wurden für 1987 kräftig modifiziert, erkenntlich am schwarzlackierten Triebwerk.

Modell:	XL 600 R (RM)
Bauzeit:	1983–1988
Motor:	1-Zyl., 4-Takt, 4 V
Hubraum:	589 ccm
Bohrung x Hub (mm):	100 x 75
Max. Leistung (PS/min):	44/6500
Max. Drehmoment (Nm/min):	51/5000
Gemischaufbereitung:	Vergaser
Kraftübertragung:	5-Gang, Kette
Starter:	Kick (Kick/Elektro)
Fahrwerk:	Zentralrohr, Telegabel, Zentralfederbein
Reifen (v/h):	3,00-21/5,10-17
Federweg (v/h):	230/203 mm
Bremsen (v/h):	S Ø 240/T Ø 130 mm (S Ø 256/T Ø 130)
Gewicht:	151 (169) kg
Radstand (mm):	1415 (1446)
Vmax (km/h):	157 (142)

XL 600 V Transalp (1987–1999)

Die Transalp schuf eine neue Kategorie von Motorrad: Zwischen Straßen- und Geländemaschine angesiedelt, vereinigte sie das beste beider Welten. Der 52-Grad-V2 stammte aus der VT 500, das Fahrwerk (Einschleifen-Rohrrahmen aus Stahlprofilen mit geteilten Unterzügen aus Rundrohr, Telegabel vorn und Pro-Link-Schwinge hinten) war neu. Am wohlsten fühlte sich die Transalp auf kleinen und mittleren Landstraßen und in fast beliebiger Schräglage wieselte die Enduro um die Ecken. Der erst im Jahr 2000 ausrangierte Allrounder wurde immer wieder überarbeitet. Technisch bedeutsam waren das Jahr 1989 (Getriebe, Zylinderkopf, Schwinge); 1991 (Endtöpfe, Scheibenbremse hinten) und 1994 (neue Verkleidung, Doppelkolben-Bremsanlage; s. Abb). Knapp 20.000 Transalp wurden in Deutschland verkauft.

Modell:	XL 600 V Transalp
Bauzeit:	1987–1999
Motor:	V2-Zyl., 4-Takt, 6 V
Hubraum:	583 ccm
Bohrung x Hub (mm):	75 x 66
Max. Leistung (PS/min):	50/8000 (34/7000)
Max. Drehmoment (Nm/min):	53/6000 (45/2750)
Gemischaufbereitung:	Vergaser
Kraftübertragung:	5-Gang, Kette
Starter:	Elektro
Fahrwerk:	Zentralrohr, Telegabel, Zentralfederbein
Reifen (v/h):	90/90-21/130/80-17
Federweg (v/h):	200/184 mm
Bremsen (v/h):	S Ø 276/T Ø 130 mm
Gewicht:	202 kg
Radstand (mm):	1530
Vmax (km/h):	167
Anmerkung:	Scheibe 240 mm hinten ab 1991.

NX 650
(1988–2000)

Die Dominator basierte auf der XL 600 R, geriet aber deutlich durchzugstärker: Sie zog schon knapp jenseits der 2000 Umdrehungen ruckfrei hoch, Tests bescheinigten ihr eine ausgezeichnete Leistungsentfaltung. Viel Lob verdiente auch das neue Fahrwerk aus Kastenprofilen wie auch die Feder- und Dämpferelemente: Die Synthese aus Straßen- und Enduromaschine war ausgezeichnet gelungen. Erstmals überarbeitet wurde die NX 1990 (Wegfall Kickstarter und Luftunterstützung der Gabel). 1991 folgte ein neuer Auspuff, 1992 ein 16-Liter-Tank samt neuer Verkleidung. 1993 mit 34 PS lieferbar, erschien die NX 1995 mit verstärktem Rahmen sowie neuem Auspuff. 1996 schließlich (die NX wurde inzwischen im italienischen Honda-Werk gebaut) waren die Blinker nicht mehr Teil der Verkleidung, zwischen 1997 und 2000 wurden die NX mit Handprotektoren ausgeliefert.

Modell:	NX 650 Dominator
Bauzeit:	1988–2000
Motor:	1-Zyl., 4-Takt, 4 V
Hubraum:	644 ccm
Bohrung x Hub (mm):	100 x 82
Max. Leistung (PS/min):	45/6000 (27/5500)
Max. Drehmoment (Nm/min):	55/5000 (46/2500)
Gemischaufbereitung:	Vergaser
Kraftübertragung:	5-Gang, Kette
Starter:	Kick/Elektro
Fahrwerk:	Zentralrohr, Telegabel, Zentralfederbein
Reifen (v/h):	90/90-21/120/90-17
Federweg (v/h):	220/195 mm
Bremsen (v/h):	S Ø 256/S Ø 220 mm
Gewicht:	176 kg
Radstand (mm):	1435
Vmax (km/h):	153 (130)

SLR 650/Vigor
(1997–2000)

Mit der SLR 650 versuchte Honda, auch im Segment der trendigen Cityflitzer Fuß zu fassen. Fast alles, was man dazu brauchte, fand sich im Dominator-Fundus, etwa Motor (modifiziert mit neuer Kurbelwelle), Getriebe, Auspuff oder Gabel. Neu dagegen war der Einschleifen-Rahmen aus rechteckigen Stahlprofilen, wobei das Zentralrohr als Trockensumpf-Ölreservoir diente. Die bei Montesa in Spanien gebaute SLR gab es mit 39 wie auch 34 PS. Zur Intermot 1998 in München präsentierte Honda die Ablösung der SLR 650, die sich hierzulande nie hatte recht durchsetzen können. Die Änderungen waren vor allem kosmetischer Natur, an den grundsätzlichen, positiven Eigenschaften hatte sich nichts geändert, ebensowenig wie an der mangelnden Akzeptanz des deutschen Publikums.

Modell:	SLR 650
Bauzeit:	1997–2000
Motor:	1-Zyl., 4-Takt, 4 V
Hubraum:	644 ccm
Bohrung x Hub (mm):	100 x 82
Max. Leistung (PS/min):	39/5750
Max. Drehmoment (Nm/min):	29/4500
Gemischaufbereitung:	Vergaser 40 mm
Kraftübertragung:	5-Gang, Kette
Starter:	Elektro
Fahrwerk:	Zentralrohr, Telegabel, Zentralfederbein
Reifen (v/h):	100/90-19/120/90-17
Federweg (v/h):	190/170 mm
Bremsen (v/h):	S Ø 276 mm/S Ø 220 mm
Gewicht:	176 kg
Radstand (mm):	1440
Vmax (km/h):	147

XL 650 V Transalp
(seit 2000)

Das Kunststück, ein fast perfektes Motorrad noch ein wenig perfekter zu machen, glückte Honda mit der neuen Transalp. Das Allround-Motorrad mit Deauville-Motor erinnerte in der Optik an die Varadero, es blieb allerdings beim markanten, hoch gelegten Auspuff mit den doppelten Endrohren. Das Fahrwerk blieb im Prinzip ebenso unverändert, die Feinarbeit beschränkte sich auf Nadel- und Kugellager für die Schwinge, Pro-Link-Hebel aus Leichtmetall und die nach vorn versetzte Bremszange, was die ungefederte Masse am Hinterrad verringern half. Außerdem war der hintere Federweg von 190 auf 172 mm verkürzt worden. Die Zubehörpalette reichte von Heizgriffen und Koffersystem bis hin zur Stereo-Anlage. Ab 2004: Optional mit niedrigerer Sitzbank erhältlich.

Modell:	XL 650 V Transalp
Bauzeit:	2000–
Motor:	V2-Zyl., 4-Takt, flüssiggekühlt, 6 V
Hubraum:	647 ccm
Bohrung x Hub (mm):	79 x 66
Max. Leistung (PS/min):	53/7500
Max. Drehmoment (Nm/min):	55/5500
Gemischaufbereitung:	Vergaser, U-Kat
Kraftübertragung:	5-Gang, Kette
Starter:	Elektro
Fahrwerk:	Zentralrohr, Telegabel, Zentralfederbein
Reifen (v/h):	90/90-21/120/90-17
Federweg (v/h):	200/172 mm
Bremsen (v/h):	2 x S Ø 256/S Ø 240 mm
Gewicht:	191 kg (trocken)
Radstand (mm):	1505
Vmax (km/h):	168

XRV 650 Africa Twin (1988–1990)

Hondas Antwort auf die XTZ 750 von Yamaha nannte sich Africa Twin und erschien 1988. Wie die XL 600 V bediente sie sich des modifizierten VT-500-Aggregats und leistete 50 PS bei 7000 Touren. Die Kraftübertragung zum 17-Zoll großen Hinterrad übernahm – anders als etwa bei der Kardan-getrieben NTV – eine langlebige O-Ring-Kette. »An diesem Motorrad stimmt (fast) alles: die Sitzposition ist hervorragend. Kupplung und Getriebe funktionieren exakt und wunderbar leicht, und die Schalter liegen perfekt zur Hand«, schwärmten die Tester, die auch zum Chassis nur lobende Worte fanden. Verwendung fand ein Einschleifenrahmen mit geteilten Unterzügen, der Motor fungierte innerhalb der Kastenprofilkonstruktion als tragendes Element.

Modell:	XRV 650 Africa Twin
Bauzeit:	1988–1990
Motor:	V2-Zyl., 4-Takt, flüssiggekühlt, 6 V
Hubraum:	647 ccm
Bohrung x Hub (mm):	79 x 66
Max. Leistung (PS/min):	50/7000
Max. Drehmoment (Nm/min):	55/5500
Gemischaufbereitung:	Vergaser
Kraftübertragung:	5-Gang, Kette
Starter:	Elektro
Fahrwerk:	Doppelschleife, Telegabel, Zentralfederbein
Reifen (v/h):	90/90-21/130/90-17
Federweg (v/h):	220/210 mm
Bremsen (v/h):	S Ø 296/S Ø 240 mm
Gewicht:	221 kg
Radstand (mm):	1555
Vmax (km/h):	171

XLV 750 R
(1983 – 1985)

Die XLV 750 R stand als Prototyp 1982 auf dem 69. Pariser Automobilsalon und gelangte 1983 – nachdem eine Maschine dieses Typs die Paris-Dakar gewonnen hatte – in den Handel. Ihr 45-Grad-Twin leistete 61 PS bei 7000 Umdrehungen, das maximales Drehmoment von 68 Nm lag bei 5500/min an. Der Motor stammte von der für die USA bestimmten VT 750 C und verfügte über drei Ventile pro Zylinder, Doppelzündung, hydraulischen Ventilspielausgleich und zwei versetzte Hubzapfen auf einer einteiligen Kurbelwelle. Positives berichteten die Tester von Laufkultur, Durchzug und Spitzengeschwindigkeit, außerdem gefiel die XLV wegen ihres Kardans. Minuspunkte kassierte die Maxi-Enduro wegen des Fünfgang-Getriebes und ihren Bremsen. Sie fiel 1985 wieder aus dem Programm

Modell:	XLV 750 R
Bauzeit:	1983–1985
Motor:	V2, 4-Takt, 6 V
Hubraum:	749 ccm
Bohrung x Hub (mm):	79,5 x 75,5
Max. Leistung (PS/min):	61/7000
Max. Drehmoment (Nm/min):	68/5500
Gemischaufbereitung:	Vergaser
Kraftübertragung:	5-Gang, Kardan
Starter:	Elektro
Fahrwerk:	Doppelschleife, Telegabel, Zentralfederbein
Reifen (v/h):	90/90-21/130/80-17
Federweg (v/h):	226/186 mm
Bremsen (v/h):	S Ø 280/T Ø 170 mm
Gewicht:	220 kg
Radstand (mm):	1480
Vmax (km/h):	175

XRV 750 Africa Twin (1990–2002)

Die neue Africa Twin (RD 04) kam zur Saison 1990 auf den Markt. Allerlei Feinarbeit an Motor und Getriebe führte zu einem Hubraum- und Leistungsplus; ein Ölkühler war jetzt serienmäßig mit an Bord. Eine längere Schwinge ließ den Radstand auf 1565 mm anwachsen (RD 03: 1555 mm), dazu kam eine zweite Scheibe mit Doppelkolben-Bremszangen vorn und ein verstärktes Rahmenheck (das eine Heckbelastung von 30 kg erlaubte, vorher: 20 kg). Räder und Bereifung wie auch das Pro-Link-Federbein hinten mit 210 mm Arbeitsweg blieben unangetastet: In Handling und Fahrkomfort war die XRV sowieso einsame Spitze, um so mehr in der Version von 1993. Die RD 07 verfügte über einen neuen Rahmen. Die Leistung stieg um drei auf 62 PS, das Gewicht sank um 8 kg.

Modell:	XRV 750 Africa Twin
Bauzeit:	1990–2002
Motor:	V2-Zyl., 4-Takt, flüssiggekühlt, 6 V
Hubraum:	742 ccm
Bohrung x Hub (mm):	81 x 72
Max. Leistung (PS/min):	59/7500
Max. Drehmoment (Nm/min):	61/5500
Gemischaufbereitung:	Vergaser
Kraftübertragung:	5-Gang
Starter:	Elektro
Fahrwerk:	Doppelschleife, Telegabel, Zentralfederbein
Reifen (v/h):	90/90-21/130/90-17
Federweg (v/h):	220/214 mm
Bremsen (v/h):	2 x S Ø 276/S Ø 256 mm
Gewicht:	237 kg
Radstand (mm):	1565
Vmax (km/h):	168

XL 1000 V Varadero
(1999–2002)

Modell:	XL 1000 Varadero
Bauzeit:	1999–2002
Motor:	V2-Zyl., 4-Takt, flüssiggekühlt, 8 V
Hubraum:	996 ccm
Bohrung x Hub (mm):	98 x 66
Max. Leistung (PS/min):	95/8000
Max. Drehmoment (Nm/min):	99/6000
Gemischaufbereitung:	Vergaser
Kraftübertragung:	5-Gang, Kette
Starter:	Elektro
Fahrwerk:	Doppelschleife, Telegabel, Zentralfederbein
Reifen (v/h):	110/80-19/150/70-17
Federweg (v/h):	175/155 mm
Bremsen (v/h):	2 x S Ø 296/S Ø 256 mm, Dual-CBS
Gewicht:	256 kg
Radstand (mm):	1560
Vmax (km/h):	204

Die zur Intermot 1998 in München vorgestellte Varadero schlug ein neues Kapitel in der Honda-Geschichte auf: Noch nie gab sich eine Enduro handzahmer, oder, umgekehrt, noch kein Straßenmotorrad wilder als dieses trocken 220 kg schwere Dickschiff. Der mit anderen Vergasern und vergrößerter Schwungmasse versehene 90 Grad-V2 stammte aus der VTR 1000 F und überbot mit 95 PS die etablierte Konkurrenz von BMW oder Triumph. Der komfortable Reisedampfer wies Features auf wie Dreispeichen-Gussräder oder das Bremssystem Dual-CBS, die eher zu Straßenmaschinen passten, und nicht zu Geländemotorrädern; die Motorschutzplatte diente eher zu Alibizwecken. Tadellos, wie gewohnt, Funktionalität und Ausstattung, was sich in einer großen Sitzbank sowie einer gut schützenden Verkleidung dokumentierte.

Varadero XL 1000 V
(seit 2003)

Modell:	XL 1000 V Varadero
Bauzeit:	2003–
Motor:	V2-Zyl., 4-Takt, 8 V
Hubraum:	996 ccm
Bohrung x Hub (mm):	98 x 66
Max. Leistung (PS/min):	95/8000
Max. Drehmoment (Nm/min):	98/6000
Gemischaufbereitung:	Einspritzung, G-Kat
Kraftübertragung:	6-Gang, Kette
Starter:	Elektro
Fahrwerk:	Doppelschleife, Telegabel, Zentralfederbein
Reifen (v/h):	110/80-19/150/70-17
Federweg (v/h):	155/145 mm
Bremsen (v/h):	2 x S Ø 296/S Ø 256, Dual-CBS
Gewicht:	265 kg
Radstand (mm):	1560
Vmax (km/h):	200
Anmerkung:	ABS auf Wunsch

Die erste Varadero von 1999 war ein gutes Motorrad, doch erst zweiten Anlauf ein wirklich überzeugendes: Die wesentlichen Kritikpunkte – nur fünf Gänge, durstige Vergaseranlage, mangelnde Richtungsstabilität – hatte Honda in der Neuauflage für die Saison 2003 endlich ausgemerzt. Bestückt mit Einspritzung und geregeltem Katalysator, versehen mit einer neu gestylten, markanteren Verkleidung und spritsparendem Sechsgang-Getriebe, blieb einzig der jetzt starr (vorher: in Gummilagern) mit dem Rahmen verschraubte VTR-Twin von tiefer gehenden Eingriffen verschont. 10.190 Euro kostete die bei Montesa in Spanien gefertigte Groß-Enduro, die bei Motorrad-Einzel- wie Vergleichstests auf einen Spitzenplatz abonniert war: Im Kreise der Reiseenduros vom Schlage einer Suzuki DL 1000, Aprilia ETV 1000, Triumph Tiger 955 oder BMW R 1150 GS hatte lediglich die BMW das Zeug dazu, der Varadero ihren Spitzenplatz streitig zu machen – um so mehr im Modelljahr 2004, als die Enduro mit ABS lieferbar war.

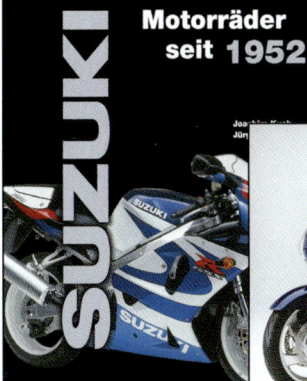

Aus dem Land der aufgehenden Sonne

Joachim Kuch/Jürgen Gaßebner
Suzuki
Von der »Power Free« aus dem Jahr 1952 bis zur GSX-R 1000 des Jahres 2001 – Rennsport, MotoCross-Erfolge, Entwicklung.
240 Seiten, 337 Bilder, davon 277 in Farbe
Bestell-Nr. 02091 € 26,–

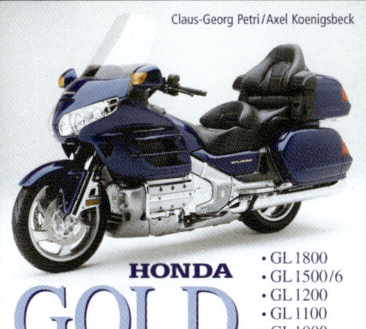

Claus-Georg Petri/Axel Koenigsbeck
Honda Goldwing
Akribisch zeichnen die Autoren den Werdegang der Maschine nach, von der ersten GL 1000 KO über das Dickschiff GL 1200 und die GL 1500/6 bis hin zum brandneuen und fast 25.000 Euro teuren Luxusliner GL 1800.
216 Seiten, 287 Bilder, davon 268 in Farbe
Bestell-Nr. 02179
€ 36,–

Joachim Kuch, Yamaha 1970–1990
Yamaha hatte in den 70ern und 80ern viele Modelle auf Lager – die Palette reicht von den Zweitaktern der RD-Typen über die urige XS 650 im klassischen Stil britischer Bigbikes bis zur TR 1-Tourer.
96 Seiten, 125 Bilder, davon 11 in Farbe
Bestell-Nr. 87187 € 12,–

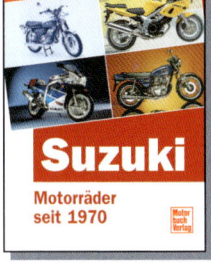

Joachim Kuch, Suzuki
Die 750 GT, die grazilen GS-Reihen und die GSX-R-Reihe, mit der Suzuki den Sport auf die Straße holte.
128 Seiten, 119 Bilder, davon 111 in Farbe
Bestell-Nr. 01992 € 9,95

Andi Seiler, Kawasaki
Der kleinste der japanischen Motorradhersteller gehört seit vier Jahrzehnten zu den ganz Großen der Branche.
144 Seiten, 129 Bilder, davon 92 in Farbe
Bestell-Nr. 02273 € 9,95

IHRE VERLAGE FÜR MOTORRAD-BÜCHER
Postfach 10 37 43 · 70032 Stuttgart
Telefon (0711) 21 08 065 · Telefax (0711) 21 08 070

Motorbuch Verlag **Schrader Verlag**

Es gibt sie noch: Straßenplaner mit Herz für Motorradfahrer.

DIE WELT IST EINE KURVE.

**Alle 14 Tage in MOTORRAD:
viele Themen mit vielen Kurven.**

▶ **Die schönsten Seiten des Motorradfahrens.**
Atemberaubende Ausblicke, die neuesten Maschinen, mitreißende Tests und Fahrberichte, Reportagen vom Sport auf und abseits der Piste, Touren und Reisen über die schönsten Straßen weltweit – alles drin, alle 14 Tage, aber nur in MOTORRAD.

MOTORRAD. Europas größte Motorrad-Zeitschrift.

Die Nr. 1 EUROPAS GRÖSSTE MOTORRAD-ZEITSCHRIFT
MOTORRAD
WELTEXKLUSIV
ERSTER FAHRBERICHT